大学生就业创业法律指导

孟维晓　著

山东大学出版社
SHANDONG UNIVERSITY PRESS
·济南·

图书在版编目(CIP)数据

大学生就业创业法律指导 / 孟维晓著.—济南：山东大学出版社，2023.11

ISBN 978-7-5607-8057-3

Ⅰ. ①大… Ⅱ. ①孟… Ⅲ. ①劳动法－基本知识－中国－高等学校－教学参考资料 Ⅳ. ①D922.504

中国国家版本馆 CIP 数据核字(2023)第 231729 号

责任编辑 毕文霞

封面设计 王秋忆

大学生就业创业法律指导

DAXUESHENG JIUYE CHUANGYE FALÜ ZHIDAO

出版发行 山东大学出版社

社　　址 山东省济南市山大南路 20 号

邮政编码 250100

发行热线 (0531)88363008

经　　销 新华书店

印　　刷 济南乾丰云印刷科技有限公司

规　　格 720 毫米×1000 毫米 1/16

13.25 印张 253 千字

版　　次 2023 年 11 月第 1 版

印　　次 2023 年 11 月第 1 次印刷

定　　价 56.00 元

前　言

在当代社会，大学生就业创业是一个备受关注的重要议题。随着经济的发展和社会的变革，大学生们面临着越来越多的就业和创业的机会与挑战。而在大学生就业创业的过程中，对合法权益的维护和对法律规范的遵守显得尤为重要。

本书旨在为广大大学生提供系统详细的就业创业法律指导，以帮助大学生了解、应对和预防在就业创业过程中可能遇到的法律问题与挑战。本书将结合实际案例、法律法规和相关理论，全面梳理与就业创业相关的法律知识和实务，帮助大学生保护自身权益，规避法律风险，提高就业创业成功率。

本书以系统性和实用性为主要特点，通过分章节的方式，全面介绍大学生在就业创业过程中的关键法律问题，并提供具体的法律指导和实用建议。本书从大学生就业法律基础知识、劳动合同与职业保障、大学生就业权益保护、社会保障与劳动保险、劳动争议解决与维权、大学生创业法律基础知识、大学生创业权益保障和风险防范等方面对大学生就业创业问题进行了深入剖析和解读。通过对相关法律法规的介绍和对大学生就业创业案例的分析，读者将获得对大学生在就业创业中遇到的法律问题的更清晰的认识和更深入的理解，为大学生就业创业之路保驾护航。

在撰写本书的过程中，笔者充分考虑了法律法规的变化和实践案例的多样性，并结合了国内最新研究成果和经验，力求提供最新、最准确的信息。然而，由于法律法规的不断变化和就业创业环境的复杂性，本书可能无法囊括所有情况。因此，希望读者在实践过程中，能根据具体情况进行个性化的法律咨询。

最后，衷心希望本书能够成为大学生就业创业过程中的有力指导，让大学生在法律知识和实践经验的引导下，从容应对就业创业中的各种法律问题，走向更加成功和顺利的就业创业之路。同时，希望本书能够成为相关领域研究者和从业者的参考，促进我国大学生就业创业法律保护机制的不断完善和发展。

祝愿每一位大学生在就业创业道路上取得辉煌成就！

孟维晓

2023年9月

目　录

第一篇　大学生就业法律指导

第二篇　大学生创业法律指导

第三篇 大学生就业创业案例分析

第一篇
大学生就业法律指导

【学习目标】

本篇旨在帮助大学生了解和掌握就业中的法律问题，增强法律意识，有效应对和解决就业过程中的法律挑战。

1.熟悉常见的就业法律制度，如《中华人民共和国劳动法》《中华人民共和国劳动合同法》《中华人民共和国劳动争议调解仲裁法》《中华人民共和国就业促进法》等。了解其核心内容、适用范围和相关规定，理解法律对保护劳动者权益和维护劳动市场秩序的重要作用。

2.掌握解决劳动人事争议的相关法律的适用情形，了解法律对于劳动争议解决途径的规定和要求，掌握以法律手段解决劳动纠纷的方法和技巧。

3.培养和加强大学生就业法律意识和就业权益维权意识，加深大学生对法律的认识和理解，增强大学生对自身权益的保护能力，提高大学生在就业过程中的法律风险意识和法律应对能力。

通过实现以上学习目标，大学生可以更全面地了解就业中的法律挑战，掌握相应的法律知识和技能，进而能够在就业过程中加强自我保护和权益保障，为自身的成长和发展提供有力的法律支持。

在当前法治社会中，法律不仅仅是国家治理和社会秩序的基石，更是每一位公民生活中不可或缺的一部分。对于即将步入社会的大学生而言，了解和掌握就业中的法律问题，不仅是维护自身权益的必要手段，更是适应社会发展、融入职场的必备素质。

随着经济的全球化和信息技术的飞速发展，现代就业市场呈现出前所未有的复杂性和多样性。新兴行业的崛起、劳动关系的多样化、就业形式的灵活化，都给大学生的就业带来了新的挑战和机遇。在这样的背景下，仅仅依靠专业知识和技能已经不足以应对职场的种种挑战，更需要具备扎实的法律意识和法律素养。

法律意识是指个体对法律的认知、尊重和运用能力。在就业中，具备良好的法律意识意味着能够正确理解劳动合同的条款、明确自己的权利和义务、妥善处理劳动纠纷，从而避免不必要的法律风险，保障自己的合法权益。同时，法律意识也是职场道德和职业素养的重要组成部分，它要求个体在遵守法律的同时，还要秉持诚信、公正、公平等原则，与同事和用人单位建立和谐的关系。

近年来，我国在推进法治建设方面取得了显著成效，法律体系不断完善，法律实施力度持续加强。特别是在劳动法律法规方面，国家出台了一系列旨在保护劳动者权益的政策措施，为构建和谐劳动关系提供了有力保障。然而，法律的生命力在于实施，法律的权威也在于实施。大学生作为未来社会的中坚力量，必须积极学习和掌握法律知识，增强法律意识，如此才能在就业市场中站稳脚跟，实现个人价值和社会价值的统一。

此外，随着社会的不断进步和发展，就业中的法律问题也在不断变化和更新。因此，大学生不仅要掌握现有的法律知识，还要保持敏锐的观察力和学习能力，及时关注和了解最新的法律动态和政策变化，以便更好地应对职场中可能遇到的法律问题。

综上所述，大学生了解和掌握就业中的法律问题，增强法律意识，不仅是个人发展的需要，也是时代发展的要求。只有具备了坚实的法律基础和良好的法律素养，大学生才能在激烈的就业竞争中立于不败之地，为构建法治社会、实现中华民族伟大复兴的中国梦贡献自己的力量。

第一章　大学生就业现状及法律在大学生就业中的重要性

大学生就业是社会发展和国家经济建设的重要组成部分，也是大学生实现自身价值和发展的重要途径。然而，当前大学生就业面临着一系列挑战和困难，如就业岗位不足、竞争激烈、创业风险大等。在这一背景下，法律在大学生就业过程中发挥着日益重要的作用。

本章旨在探讨大学生就业现状，分析法律在大学生就业中的重要性，并进一步提出加强法律保障和完善支持措施的建议。研究大学生就业与法律的关系，有助于为大学生提供更好的法律保护，促进大学生顺利就业，为社会经济发展做出贡献。

第一节　大学生就业现状概述

党的二十大报告提出："就业是最基本的民生。强化就业优先政策，健全就业促进机制，促进高质量充分就业。健全就业公共服务体系，完善重点群体就业支持体系，加强困难群体就业兜底帮扶。"[①]大学生就业是现代社会关注的焦点之一。大学生作为高等教育的受益者和社会的新生力量，其就业问题涉及权益保护、社会稳定以及经济发展等多个方面。从法律指导视角出发对大学生就业现状进行深入剖析，有助于探讨法律在提供指导、保障大学生权益和促进就业方面的作用。

---

① 习近平：《高举中国特色社会主义伟大旗帜　为全面建设社会主义现代化国家而团结奋斗——在中国共产党第二十次全国代表大会上的报告》，人民出版社 2022 年版，第 47 页。

一、高校毕业生就业现状

就教育部公布的最新数据来看,2023 年全国高校毕业生超过 1100 万人,相较于 2022 届毕业生来说规模急剧扩大,全国普通高校毕业生就业压力逐渐上升。一是受近年来毕业生规模逐渐扩大以及经济下行压力上升等各方面因素的影响,部分民营企业与国有企业招聘应届毕业生的名额都出现了一定程度的减少,劳动力市场也较以往出现了显著的变化。为了在瞬息万变的市场竞争中存活下来,在保证自身经济利益不受影响的情况下企业频繁变动招聘规划。二是随着就业压力上升、就业岗位缩水,越来越多的应届毕业生涌入了公务员考试大潮,一些没有选择再次考试或深造的学生对就业的了解程度较低,存在“慢就业”“懒就业”等情况。三是大学生本身的综合素质与工作水平难以满足岗位需求。一些高等院校并没有意识到当前严峻的就业形势给毕业生带来的压力,忽略了就业求职指导类课程、心理支持类课程以及职业生涯规划类课程的开展。在目前已开展的大学生就业指导实践中,大学生就业指导存在信息滞后、模式单一、就业求职法律指导理论化等现象,大学生就业求职帮扶实效甚微。

麦可思研究院发布了《2022 年中国大学生就业报告》,统计数据显示,当前的大学生群体呈现出以下特征:读研比例持续上升;考研“二战”比例升高;择业求稳心态加剧,热衷于考公考编;在信息安全、自媒体、自由职业、自主创业等领域的就业去向呈增长趋势;等等。随着经济社会的快速发展和就业形式的灵活多样,高校毕业生和用人单位之间在劳动合同、就业协议的签订和履行中发生的纠纷争议日益增多,在就业求职实际中,作为重点关注群体的高校毕业生在因就业协议发生争议时,如果不能及时得到法律指导和干预,就会失去合法、便捷的权利救济途径和机会。

二、大学生就业法律指导的必要性

近几年,受高等教育学校招生名额逐渐扩大以及毕业生就业期望值逐渐上升等因素的影响,应届毕业生“慢就业”现象凸显。考虑到相当一部分大学生法律意识淡薄、法律体系和就业市场管理规则有待完善等各方面原因,应届毕业生自身享有的符合法律规定的就业权益引起的法律问题越来越被社会广泛关注。如今大学生群体日益庞大,就业矛盾也更加突出,这也成为社会关注的热点之一。如何解决大学生在就业中遇到的歧视、不公平对待和就业难等问题,如何维护大学生合法的就业权益成为大家关注的重点。大学生在就业前只有了解自身享有的基本就业权益，才能够更好地找到工作，成功就业。因此，加强大学生就业求职法律指导意义重大。

(一)法律保障是大学生依法就业的基础

在我国法律体系中，就业法律法规明确规定了大学生的就业权益和用人单位的合规责任。《中华人民共和国劳动法》《中华人民共和国就业促进法》等法律文件明确规定了用人单位应遵守的法律义务，例如正确使用劳动合同、禁止就业歧视等。同时，政府也通过制定一系列政策性规定来保障大学生的就业权益。从法律角度来看，保障大学生的就业权益是实现社会公平、构建和谐社会的重要一环。

(二)大学生就业面临的法律挑战是需要重视的问题

尽管法律明确禁止就业歧视行为，但在大学生就业求职实际中仍有部分用人单位对大学生就业存在歧视现象，如学历歧视、性别歧视等。同时，与就业相关的劳动合同保护问题也亟待解决，包括劳动合同的签订和履行等。此外，大学生在职业生涯中的劳动权益也需要法律的支持和保障，例如工资支付、工时安排、休假制度等。这些法律挑战直接影响到大学生的就业质量和权益保障。

(三)法律监管应得到强化与完善

尽管我国已制定了一系列法律法规来保障大学生的就业权益，但在实际执行中仍存在一些问题。加强对用人单位的法律监管，提高用人单位和大学生知法、懂法、守法的法治素养水平，是保障大学生就业权益的重要举措。同时，完善法律监管机制，加强监测和评估，及时掌握大学生就业市场的变化，为大学生提供更准确、实用的就业信息和法律指导，是保障大学生权益、促进大学生就业的关键。

综上所述，法律的制定和执行可以为大学生依法就业提供法律救济手段，帮助大学生养成较强的法律意识，调动大学生学习法律的主动性。在开展大学生就业培训时，需要充分认识到法律教育在其中的重要作用。大学生在毕业之后初次接触社会时，不可避免地会踩到一些陷阱。求职者只有在熟知相关就业权益、懂得相关法律法规的条件下才能保障自己的权益不会受到侵害，从根本上维护自己的权益。从法律指导视角看，大学生就业现状涉及个人权益的保护、社会稳定和经济发展。法律的制定和执行在保障大学生就业权益、预防和打击就业歧视等方面具有关键作用，然而仍面临一系列挑战，需要加大法律监管和执行力度，完善监管机制，提高大学生的法律意识和权益保障水平，进一步促进大学生就业稳定和提升大学生就业质量。在新时代背景下，通过更加全面有效的法律指导和保障，实现大学生就业的可持续发展和社会和谐共享。

第二节 大学生就业求职法律指导的重要性

随着社会的不断发展和经济形势的变化，大学生就业问题日益成为社会关注的焦点。对于即将步入职场的大学生来说，如何顺利地进入工作岗位、合法合规地与用人单位签订劳动合同，以及维护自己的合法权益成为亟待解决的问题。在这个过程中，法律指导的重要性不可忽视。本节将从大学生就业求职的法律保障角度，探讨法律指导在大学生就业过程中的重要性，并分析其意义和作用。

一、大学生就业面临的困境

当代社会，面对激烈的竞争和复杂多变的就业环境，大学生面临着诸多就业困境和挑战。这些困境既来自市场和经济的变化，也与大学生自身素质和就业观念有关。

（一）就业压力和竞争激烈

1.高校毕业生数量激增

近年来，我国高校毕业生数量快速增长，从2021年的909万人增加到2022年的1076万人，再增加到2023年的1158万人。高校毕业生数量的快速增长是多种因素共同作用的结果，比如人口老龄化、就业市场需求增加、教育质量提升、国家鼓励创新创业政策以及高校毕业生心态变化等都起到了推动作用。

2.岗位数量不足

经济转型和结构调整导致某些传统产业岗位减少，而新兴产业和高技术领域的岗位却相对较少，就业岗位与毕业生数量不匹配。

3.就业竞争激烈

高学历已不能保证高薪就业，大学生面临着更激烈的就业竞争。大学生除了与本科毕业生竞争，还要面对研究生、“海归”等的竞争，这使得就业难度大大增加。

（二）就业观念和能力不足

1.就业观念狭隘

根据问卷调查，部分大学生存在就业观念狭隘的问题，突出表现为：一是片面追求在一线城市就业，认为只有在大城市才能获得更好的发展机会和高薪水，忽视了二、三线城市的就业潜力和发展机会，对其他地区的就业机会缺乏了解。二是片面追求进入知名大企业，认为只有在这些企业工作才算是成功的就业，忽视了中小企业的发展潜力和广阔的就业空间，对其他企业的就业机会缺乏了解。三是片面追求职业领域，很多毕业生对自己专业领域的认知过于狭隘，只关注与自己专业相关的工作机会，对其他岗位和行业缺乏认知与兴趣，忽视了多个领域的交叉和融合，对跨行业和多岗位的就业机会缺乏了解。四是盲目追求高薪水，一些毕业生对薪水期望过高，认为薪酬水平是衡量就业成功与否的唯一标准，只追求高薪水的短期利益，忽视了工作经验、发展空间和职业成长的重要性。五是片面追求稳定性，有些毕业生过分追求稳定的工作，只考虑长期稳定的就业机会，不愿意接受挑战和风险，忽视了自主创业的机会，对个人发展和职业成就缺乏追求和激情。六是教育与实践脱节，部分毕业生对自身的实际能力和实践经验缺乏自信，只以学历和学校名气来衡量自己的就业能力，缺乏对实践经验和职业技能的重视，只关注学校的名声和学历的“含金量”，忽视了实际工作经历在就业过程中的重要性。

这些狭隘的就业观念使大学生在就业过程中面临一些困境，如就业机会的局限、竞争压力的加大、就业前景的不稳定等。因此，重视拓宽就业观念，采取积极的就业策略，注重全面的职业发展和提升个人能力是至关重要的。

2.缺乏实践经验和职场技能

大学生在学校求学期间重视理论知识的学习，但对实践经验和职场技能的培养不够重视，这使得他们在与用人单位的博弈中处于劣势。

3.专业不对口和专业技能不足

一些专业不符合市场需求，导致大学生就业遇到困境。另外，在专业技能方面，一些大学生缺乏实际操作经验和实用技能，在用人单位看来就是缺少核心竞争力。

（三）用人单位的招聘和录用标准提高

1.学历要求不断提升

为了降低用人风险和提高人才素质，用人单位普遍提高了对学历的要求，导致大学生在求职过程中面临更高的门槛。

2.用人单位对工作经验的要求

许多用人单位对求职者的工作经验有较高的要求，这对于没有实习经验和实践经验的大学生来说是一大困难。

3.其他招聘条件和硬性要求

除了学历和工作经验，用人单位还会根据不同岗位所需要的职业技能、语言能力、沟通能力等进行选拔，这对大学生来说也是一种挑战。

(四)地域限制和户籍歧视

1.一些城市人才流入速度过快

大城市的就业机会相对较多，因此吸引了大量外来人才的涌入，导致大城市竞争更加激烈，大学生在这些城市找到稳定的就业机会变得更加困难。

2.城市户籍歧视影响就业机会分配

很多企业存在城市户籍歧视现象，表现为更倾向于招收本地户籍的人才，这使得大学生跨地区就业更加困难。

(五)就业环境和制度不完善

1.劳动权益保障不足

部分用人单位存在违法违规行为，大学生的劳动权益得不到充分保障，如低薪、长时间加班、缺乏福利待遇等问题。

2.就业信息不对称

就业信息不对称导致大学生对就业岗位的了解不够充分，使得他们在就业选择和求职方面面临困难。

3.就业创业支持体系不健全

一些地方的就业创业支持体系还不完善，大学生在创业方面缺乏政策支持和资源保障。

综上所述，大学生就业面临的困境是多方面的，包括就业压力和竞争激烈、就业观念和能力不足、用人单位的招聘和录用标准提高、地域限制和户籍歧视、就业环境和制度不完善等。面对这些困境，需要政府、教育机构、用人单位和大学生共同努力，加强就业求职指导，提升大学生的职业素养和实践能力，优化就业环境和政策法规，为大学生提供更多的就业机会和更大的发展空间。

(六)就业求职法律意识薄弱

当前，我国经济社会处于稳定发展状态，大学生在就业与自主创业中由于对法律规定了解甚少，难以借助法律手段保障自己的合法权益。大学生在就业过程中经常会遇到用人单位违反法律规定的情况，大学生劳动者权益被用人单位非法侵犯的现象应当受到社会各行各业的关注。

二、大学生就业法律指导的重要性

(一)保护大学生的合法权益

大学生在就业求职过程中,需要与用人单位签订劳动合同,明确工作内容、薪资待遇、劳动时间、休假制度等。法律指导能够使大学生了解自己的权益和义务,并帮助他们与用人单位签订合法合规的劳动合同。同时,在职场中,法律指导可以为大学生防范合同纠纷、保障劳动权益提供法律依据。具备法律素养的大学生能够更好地维护自身的劳动权益,避开非法招聘、欺诈行为等。懂得法律知识的大学生可以更灵活地利用法律援助渠道维护自身权益。

(二)规范职场行为

在职场中,大学生需要了解和遵守职业道德及职业规范,遵守相关法律法规,避免违法行为的发生。法律指导不仅能提供有关劳动合同的签订与履行、试用期法律权益等方面的知识,还能帮助大学生树立正确的职业道德观念,培养正确的行为习惯和职业素养。通过法律指导,大学生能够更好地适应职场环境,增强法治意识,避免违法行为,实现健康发展。

(三)提高就业竞争力

在当前激烈的就业竞争环境下,具备法律知识和法律意识的大学生更具有优势。法律指导能够帮助大学生了解就业市场的法律法规要求,知晓就业红线和底线,避免陷入就业陷阱。了解法律对就业的规范和要求,大学生可以在就业过程中更加自信和从容,为自己争取更好的就业机会。

综上所述,大学生就业求职法律指导的重要性不容忽视。法律指导有助于保护大学生的合法权益,规范职场行为,提高就业竞争力。在当今社会,法律指导对于大学生的就业过程起着关键的引导和保护作用。因此,我们应该重视并加强对大学生就业求职的法律指导工作,为大学生提供必要的法律知识和指导,帮助他们顺利进入职场,维护自身的权益,促进大学生就业稳定和提升就业质量。

第二章　就业法律基础知识

随着社会的发展和就业市场的变化，大学生在就业过程中面临诸多法律问题和挑战。学习就业法律基础知识对大学生和用人单位来说至关重要。这些基础知识对于保护劳动者的权益、维护劳动关系的稳定以及促进就业市场的健康发展都具有重要意义。本章将从就业法律相关概念解析、劳动法与就业法律的关系、法律保护的范围和内容以及常见的就业法律问题等方面进行介绍与分析。

第一节　就业法律相关概念解析

就业法律相关概念主要指在就业过程中涉及的劳动合同、劳动关系、劳动权益保障、劳动争议解决等方面的法律规定和原则。在现代社会，就业法律对于保障劳动者的权益、维护劳动关系的稳定和促进就业市场的健康发展具有重要意义。就业法律相关概念是劳动者和用人单位的必备知识。本节将从就业法律界定和就业法律体系结构等方面对就业法律相关概念进行解析及阐述。

一、就业法律界定

就业法律是指涉及就业领域的法律规范和法律制度，包括国家和地方制定的法律法规、决定、规章等，以及相关的政府文件和政策。就业法律的主要目的是规范就业市场，保障劳动者的合法权益，促进就业机会的公平分配，维护社会稳定。

就业法律的范围较广，包括劳动法、劳动合同法、劳动保障法等一系列法律，以及就业领域的法律规范和政策。就业法律旨在规范劳动关系的形成、变更和终止，保障劳动者的基本权益，规范就业市场行为，为劳动者提供法律保障和指导。

就业法律的基本原则是指制定和执行就业法律时应遵循的基本原则，包括公平原则、合理原则、保护原则、自主原则、稳定原则等。

二、就业法律体系结构

就业法律体系结构是指就业法律的组成部分和法律规范的层次。

就业法律体系结构包括国家层面的就业法律体系和地方层面的就业法律体系。在国家层面，就业法律体系由《中华人民共和国劳动法》《中华人民共和国劳动合同法》《中华人民共和国就业促进法》等一系列法律构成。在地方层面，就业法律体系包括各地方以法规、条例、决定等形式制定的地方性法规和政策文件。

就业法律体系还包括相关的劳动保障法规、行政规章、地方规章等，以及就业领域的政府文件和政策。就业法律体系的建立和完善需要充分考虑国家层面和地方层面法律法规的协调配合，保证法律体系的一致性和统一性，以促进就业市场的良性运行和劳动关系的稳定。

第二节　劳动法律关系

劳动法律关系是指在实现社会劳动的过程中，劳动者与用人单位之间依据劳动法律规范形成的受国家强制力保护的法律上的权利义务关系。它涵盖了劳动者与用人单位双方的权利和义务，规范了劳动关系的建立、履行和终止。劳动法律关系的形成和发展，对于保障劳动者的权益、维护劳动关系的稳定和促进就业市场的健康发展具有重要意义。本节将从劳动法律关系的概念、特征、要素、意义和在校大学生主体资格认定等方面进行介绍和分析。

一、劳动法律关系的概念

劳动关系是指用人单位与劳动者之间通过劳动合同建立起来的社会经济关系。它是基于相互依存、劳动的关系而形成的，以劳动者提供劳动力为基础，以用人单位支付劳动报酬为对价。

劳动关系是劳动法的调整对象，由此决定了劳动法律关系成为劳动法中的基本法律关系。因此，劳动关系是劳动法律关系的前提，劳动法律关系是劳动关系的法律形式。

二、劳动法律关系的特征

（一）平等性和隶属性

劳动法律关系是建立在劳动者和用人单位之间平等的基础上的。在劳动法律关系建立前，劳动者和用人单位是平等的主体，双方建立劳动关系的条件是平等自愿、协商一致。劳动关系建立以后，劳动者身份上发生转变，成为用人单位的职工，用人单位成为劳动力的使用者，劳动者成为劳动力的提供者，二者是领导与被领导的关系。

（二）主导性和主体性

劳动法律关系通常是按照劳动法律规范或劳动合同约定形成的，既体现国家意志又体现双方当事人的共同意志。劳动法律关系受国家法律的监督和保护。国家设立了劳动监察、仲裁、调解等机构，负责维护劳动法律关系的正常运行。劳动者、用人单位在劳动法律关系中享有向相关机构申诉、维权和诉讼的权利，受法院的司法保护。为保护劳动者的合法权益，国家意志处于主导地位，具有主导性和主体性，当事人的共同意志必须符合国家意志并以其为指导。

（三）过程性

劳动法律关系形成于劳动关系的现实存在。只有劳动者与用人单位提供的生产资料相结合并产生社会劳动过程，劳动者和用人单位之间的劳动法律关系才能确立。

三、劳动法律关系的要素

劳动法律关系的要素包括劳动法律关系的主体、内容和客体。

（一）劳动法律关系的主体

1.劳动法律关系的概念

劳动法律关系的主体是指依照劳动法律规范参与劳动法律关系，并享有权利和承担义务的当事人。劳动法律关系的主体包括自然人和法人。自然人包括本国公民、外国人和无国籍人。法人一般指的是按照法定程序组成的、有一定组织机构和独立财产，能够以自己的名义参与法律关系，取得权利和承担义务，并能在法院起诉、应诉的组织。在我国，作为劳动法律关系主体一方的法人，具体来说是有法人资格的企业、事业单位、国家机关、社会团体、个体经济组织。

2.劳动法律关系主体资格的确定

自然人成为劳动法律关系主体必须具备的法定条件：第一，劳动者的权利能力。劳动者的权利能力是指自然人依法享有劳动权利和承担劳动义务的资格。根据《中华人民共和国劳动法》及其他相关法律，劳动者的劳动权利能力受到一定因素的限制。一是年龄限制。《中华人民共和国劳动法》规定，禁止用人单位招用未满十六周岁的未成年人。文艺、体育和特种工艺单位招用未满十六周岁的未成年人，必须遵守国家有关规定，并保障其接受义务教育的权利。二是身体条件限制。劳动者必须具备适合其从事的工作所必需的身体条件。对于患有某些疾病或者身体残疾的人员，法律规定不得从事某些特定的工作，比如传染病患者不得从事食品生产和餐饮服务等直接接触入口食品的工作。三是法律、行政法规规定的其他限制。例如，对于特定行业或岗位，如危险化学品生产、运输、储存等行业，法律规定了更为严格的从业资格和条件。此外，对于国家安全、公共利益等特殊领域，也会对劳动者的劳动权利能力作出相应的限制。第二，劳动者的行为能力。劳动者的行为能力是指公民依法以自己的行为享有劳动权利、履行劳动义务的资格。根据《中华人民共和国劳动法》的规定，公民的劳动行为能力受到年龄、健康状况、智力状况、行为自由等因素的影响。

法人成为劳动法律关系主体必须具备的法定条件：第一，依法设立。在我国，能够成为劳动法律关系主体的用人单位只能是依法设立，具有用工主体资格的组织包括企业、事业单位、社会团体、国家机关、民办非企业单位和个体经济组织。第二，依法担责。依法设立的用人单位与劳动者建立劳动法律关系，依法享有权利并承担相应的义务。尤其需要注意的是用人单位设立的分支机构，若其依法取得营业执照或者依法登记、备案，则其与劳动者签订的劳动合同认定有效。但是，在责任承担上，如果分支机构资产无法清偿有效债务，则由设立它的法人单位承担。

(二)劳动法律关系的内容

劳动法律关系的内容是构成劳动法律关系的三要素之一，是指劳动者与用人单位之间的权利和义务关系。其主要特征有：第一，各项权利和义务都与劳动力的使用和再生产紧密相关；第二，各项权利和义务所实际体现的劳动者利益可以高于法定标准但不得低于法定标准；第三，劳动者的权利和义务必须由劳动者本人亲自实现，而不得由他人代理，这是由劳动力与劳动者人身的不可分性以及用人单位与劳动者的组织隶属性所决定的;第四,劳动者权利和义务的实现受用人单位的劳动管理行为支配;第五,劳动者的某些权利和义务存续于劳动法律关系终止之后,并且有的权利还扩大到劳动者供养的亲属。

(三)劳动法律关系的客体

劳动法律关系的客体是指劳动法律关系主体双方的权利义务共同指向的对象。对于劳动法律关系的客体,我国劳动法学界一直存在不同的见解。主要有三种观点:一是认为劳动法律关系的客体是双方共同指向的劳动活动;二是认为劳动法律关系的客体具有主从性特点,视其在劳动法律关系中的地位与作用不同,可分为基本客体和辅助客体;三是认为劳动法律关系的客体是劳动权利和义务共同指向的对象,具体指的是劳动力。

本书持第三种观点,认为劳动法律关系的客体是劳动力,即蕴含在劳动者体内的、在劳动过程中发挥作用的体力和脑力的总和,具有人身性、长期性、持续性等特征。

四、劳动法律关系确立的意义

劳动法律关系的确立为劳动关系的建立、维护和调整提供了法律依据和指导,为劳动者自我权益的保护提供了法律救济手段,有利于维持劳动市场的稳定发展,创造公平竞争的环境。

(一)建立和规范劳动关系

劳动法律关系规定了用人单位和劳动者的权利、义务,为双方建立公平、合理、有序的劳动关系提供了法律保障与指导。

(二)保护劳动者合法权益

劳动法律关系通过规定劳动者的权益和福利,确保劳动者获得合理的工资报酬、良好的工作环境、合法的社会保障和福利待遇等。它保护劳动者免受不公平待遇,维护其合法权益。

(三)维护劳动关系稳定与和谐

劳动法律关系为解决劳动争议和纠纷提供了合法途径,促进了劳动关系的和谐稳定。

(四)促进公平竞争与社会和谐

劳动法律关系追求就业机会的公平分配和就业市场的公平竞争,能够防止非法竞争和不公平劳动市场行为的发生,能够维护良好的劳动秩序和社会和谐稳定。

综上所述，劳动法律关系的确立在劳动关系中具有重要的作用和意义，为劳动者和用人单位构建符合法律规定的劳动关系奠定了基础。借助为劳动者保障自身合法权益提供法律救济手段、维护劳动市场的稳定发展的价值，劳动法律关系的确立促进了公平竞争和社会和谐的劳动关系。同时，它还维护了社会公共利益，推动了劳动者和用人单位之间的长期合作和共同发展。

五、在校大学生在劳动法律关系中的主体资格认定问题

在校大学生在劳动法律关系中主要以三种情况出现：兼职、勤工助学及实习。那么，在校大学生在兼职、勤工助学及实习期间，其在劳动法律关系中的主体资格如何认定？

（一）大学生兼职期间主体资格的认定

大学生兼职是指大学生利用课余时间从事社会实践活动。常见的大学生兼职有校内兼职（如图书馆助理、教学助理、实验室助理等）、线上兼职（如网上调查、文案写作、设计制作、程序开发等）、家教兼职（如教数学、英语、钢琴等）、实习兼职（大学生可以通过实习找到一些兼职工作，如在公司、机构或组织中担任实习生，从而获得实践经验和一定的报酬）、服务业兼职（如餐厅服务员、售货员、快递员等）。

从大学生兼职的定义可以看出，大学生兼职是在课余时间，以保障学业不受影响为前提，因此大部分大学生工作的时间不可能是连续性的，但其利用课余时间进行兼职，也说明在该时段大学生是有行为自由的。依据《中华人民共和国劳动合同法》第六十八条，其符合非全日制用工的条件和特征，即“非全日制用工，是指以小时计酬为主，劳动者在同一用人单位一般平均每日工作时间不超过四小时，每周工作时间累计不超过二十四小时的用工形式”。

从大学生兼职的职业种类来说，则不能完全套用非全日制用工的规定。如家教工作，往往是家长与大学生平等主体之间的合同，就不符合劳动法律关系中用人单位应属于组织或单位的要求；再如自主创业，大学生成为个体经营的主体，不隶属于任何用人单位，此时也不能构成劳动法律关系中的劳动者一方。

因此，在校大学生兼职期间是否具备劳动法律关系的主体资格，不能一概而论，而是需要根据大学生兼职的具体职业种类来区分。

（二）大学生勤工助学期间主体资格的认定

大学生勤工助学主要是指学校帮助家庭困难的学生通过半工半读的形式

完成学业。因此,在校大学生在勤工助学期间主体资格的认定可参照大学生兼职期间主体资格认定法则。

(三)大学生实习期间主体资格的认定

高等院校的在校大学生实习一般有三种类型:一是认知实习,就是通过实际操作来学习应用型知识,一般安排在第二至第四学期;二是顶岗实习,是指顶替正式员工在具体工作岗位上的教学实习,具体来说是指在校大学生到企业的具体工作岗位上工作,一边学习理论一边进行实践;三是毕业实习,指学生在毕业前到实习单位从事具体的工作,以取得实际经验和技能,锻炼工作能力,一般安排在第六学期,医学院校通常安排在第八学期。毕业实习有两种形式:一种是由学校组织部分或全体学生到实习单位实习,统一安排住宿,并有专门老师负责指导,这主要是在学校和企业合作共建的实习基地完成;另一种是学生自己联系实习单位,自主安排实习时间及实习内容。不论何种实习类型都属于学校教学内容的一部分,都在学校的统一管理下进行,区别在于毕业实习与认知实习和顶岗实习不同,它相当于在校大学生就业前的职业岗位胜任力培养。因此,在校大学生在认知实习及顶岗实习期间处于学校的统一教学管理之下,缺乏构成劳动法律关系主体资格的行为自由条件,而在毕业实习期间,其主体资格认定的关键点是大学生在毕业实习期间是否具备劳动行为自由,若不具备则大学生不应当被认定为劳动法律关系主体。

第三节　大学生就业权益保护法律法规介绍

大学生作为劳动力市场的重要群体,其就业权益保护具有特殊的重要性。为了确保大学生在就业过程中能够享有合法权益,并能够有效应对可能遇到的问题,国家制定了一系列法律法规来保护大学生的就业权益。本节将详细介绍大学生就业权益保护的法律法规,包括《中华人民共和国劳动法》《中华人民共和国劳动合同法》《中华人民共和国就业促进法》等。本节旨在为大学生提供必要的就业法律基础知识,使其能够更好地理解就业法律,更好地维护自身权益。解析就业法律以及劳动法与就业法律的关系,可以增强大学生的法律素养,提高其在就业过程中的法律意识和规范操作能力。同时,详细介绍大学生就业权益保护的法律法规,可以帮助大学生更好地了解自身的权利和义务,维护自身的合法权益。

一、《中华人民共和国劳动法》

《中华人民共和国劳动法》是我国的一项重要法律，旨在保护劳动者的合法权益，调节劳动关系，维护劳动市场的稳定和公平。《中华人民共和国劳动法》共分为十三章、一百零七条。第一章明确了劳动法的宗旨和适用范围。第二章强调了平等就业、平等劳动、充分就业、技能提高等原则，规定了用人单位的义务和劳动者的权利。第三章规定了劳动合同的订立、约定内容、变更、解除和终止等，要求用人单位与劳动者订立书面劳动合同，并约定双方权利和义务，保护劳动者的合法权益。第四章规定了劳动者的工作时间、休假制度和加班等，要求用人单位确保劳动者的合法权益，合理安排工作时间和休假。第五章规定了劳动者的工资分配方式和最低工资保障制度、工资支付保障等。第六章规定了用人单位对劳动者的劳动安全和卫生的保护责任，包括劳动环境、事故预防和职业病防治等。第七章规定了对女职工和未成年工合法权益的特殊保护，包括禁止性别歧视和对女职工、未成年工的特殊保护等。第八章规定了职业培训，包括各级人民政府应当把发展职业培训纳入社会经济发展规划，用人单位应当建立职业培训制度，从事技术工种的劳动者在上岗前必须经过培训，国家对规定的职业制定职业技能标准，实行职业资格证书制度等内容。第九章规定了社会保险和福利，包括养老保险、医疗保险、工伤保险、生育保险以及失业保险等，要求用人单位按照法律规定参加社会保险并为劳动者缴纳社会保险。第十章规定了劳动争议的解决程序和途径，包括调解、仲裁、提起诉讼、协商解决等。第十一章规定了监督检查权实施主体和方式，县级以上各级人民政府劳动行政部门依法对用人单位遵守劳动法律、法规的情况进行监督检查，对违反劳动法律、法规的行为有权制止，并责令改正。第十二章规定了用人单位和劳动者的法律责任，包括违反劳动法律法规的行为及其相应的法律责任。第十三章为附则。

《中华人民共和国劳动法》是我国劳动领域最基本的法律法规之一，对保护大学生就业权益起着重要的作用，为保障劳动者权益、调节劳动关系提供了明确的法律依据。在实践中，用人单位和劳动者应当遵守法律规定，尊重对方的权益，在合法合理的基础上建立和维护良好的劳动关系。同时，政府部门也要加强对劳动法律规定的宣传和监督，推动劳动法律的正确执行。总之，《中华人民共和国劳动法》是中国劳动法律体系的重要组成部分，对于保障劳动者权益、调适劳动关系、促进社会和谐发展具有重要意义。它的实施将有助于确保劳动者合法权益的平等，促进劳动力市场的稳定和公平发展。

二、《中华人民共和国劳动合同法》

《中华人民共和国劳动合同法》旨在完善劳动合同制度，明确劳动合同双方当事人的权利和义务，保护劳动者的合法权益，构建和发展和谐稳定的劳动关系。《中华人民共和国劳动合同法》共分为八章、九十八条。第一章明确了劳动合同法的宗旨和适用范围，规定了劳动合同的基本要素，包括劳动合同订立的自由、平等和公正原则，以及签订劳动合同的方法和程序。第二章规定了劳动合同的订立。第三章规定了劳动合同的履行和变更。第四章规定了劳动合同的解除和终止。第五章对集体合同、劳务派遣以及非全日制用工做了特别规定。第六章规定了国务院劳动行政部门负责全国劳动合同制度实施的监督管理，县级以上地方人民政府劳动行政部门负责本行政区域内劳动合同制度实施的监督管理以及监督检查的内容。第七章规定了用人单位和劳动者的法律责任，包括用人单位违反劳动合同法规定的行为及相应的法律责任。第八章为附则。

《中华人民共和国劳动合同法》的实施为劳动合同的订立、履行和解除提供了明确的法律依据和规范，保障了劳动者的合法权益，促进了劳动关系的协调和发展。在实践中，用人单位和劳动者应遵守法律规定，尊重彼此的权益，建立和维护良好的劳动合同关系，创造公平、和谐、稳定的劳动关系。

三、《中华人民共和国就业促进法》

《中华人民共和国就业促进法》以推动就业、增加就业机会、促进劳动者就业权益保护为目标，在就业促进、就业服务、劳动权益保护和就业监管等方面进行了规定，主要内容有就业信息服务与就业援助、失业保险与再就业支持、员工培训与职业发展、其他关于劳动用工的地方性法规等。《中华人民共和国就业促进法》共分为九章、六十九条。第一章明确了就业促进法的宗旨和基本原则，强调了促进就业的重要性，确立了政府的责任和社会各方面的支持，提出了公平就业、创造就业机会、保护劳动权益等原则，提出劳动者依法享有平等就业和自主择业的权利。第二章规定了国家促进就业政策支持和就业服务的内容与机制，要求各级政府制定就业促进计划和政策。第三章规定了公平就业的内容，包括各级人民政府对公平就业的政策保障、平等劳动权利的内容以及对就业歧视性规定的限制等。第四章规定了对县级以上人民政府在就业服务和管理中的要求、职业中介机构的设立及中介行为的合法性内容。第五章规定了国家在职业教育和培训方面的措施。第六章规定了各级人民政府建立健全就业援助制度的内容。第七章规定了各级人民政府和有关部门应建立促进就业的目标责任制度，并要求劳动行政部门和执法机构加强对就业规范和合法权益的监督检查，对违法行为进行处罚和追究法律责任。第八章规定了相关主体的法律责任。第九章为附则。

综上所述，大学生就业权益保护的法律法规包括《中华人民共和国劳动法》《中华人民共和国劳动合同法》《中华人民共和国就业促进法》等。这些法律法规为大学生提供了权益保护和就业支持的基础，确保了大学生在就业过程中享有合法权益，促进了就业平等和社会稳定。

第三章 劳动合同与职业保障

劳动合同与职业保障是劳动关系中两个重要的方面，对于维护劳动者权益和保障职业安全具有重要意义。劳动合同是劳动关系的基础，规定了劳动者与用人单位之间的权利和义务，职业保障涉及劳动者的职业安全、健康和福利等方面。随着社会经济的发展和劳动力市场的变化，劳动合同和职业保障面临新的挑战和变革。本章旨在探讨劳动合同与职业保障的重要性，分析相关法律法规的演变和实践应用以及面临的问题和挑战，并提出相应的政策建议和改进方向。通过深入研究劳动合同和职业保障的关系，加强大学生就业权益保护，促进职业发展，构建和谐劳动关系。

第一节 劳动合同的要素与签订注意事项

劳动合同是维护劳动关系稳定和保护劳动者权益的重要法律文书。依法订立的劳动合同具有约束力，用人单位与劳动者应当履行劳动合同约定的义务。了解劳动合同的要素和签订注意事项，对于大学生就业求职具有重要意义。本节将从劳动合同的定义和要素、签订劳动合同的注意事项等方面进行阐述和分析。

一、劳动合同的定义

《中华人民共和国劳动合同法》第十条规定："建立劳动关系，应当订立书面劳动合同。"劳动合同是劳动者与用人单位之间依法签订的，旨在确立劳动关系，确定双方权利义务的合同。根据当事人的约定，劳动合同可以分为固定期限劳动合同、无固定期限劳动合同、以完成一定工作任务为期限的劳动合同。

劳动合同除具备合同的基本特征外，还具有人身性、双务有偿性以及主体特定性等基本特征。劳动者与用人单位在签订劳动合同的时候必须出于自身的真实意愿，严格按照平等协商原则签订；但在双方签订劳动合同之后，二者之间的平等关系就会迅速转变为隶属关系，即劳动者在工作中需要服从用人单位的安排，劳动合同也开始呈现组织性的特性。

二、劳动合同的要素

劳动合同的要素为劳动者和用人单位确立劳动关系中必须约定的主要内容。劳动合同中应当具备的内容包括以下方面。

（一）劳动合同中的必备条款

劳动合同中的必备条款，是指任何劳动合同中都必须具备的内容，主要有以下八个方面。

一是合同双方的基本信息。劳动合同应明确用人单位（甲方）和劳动者（乙方）的名称、地址、法定代表人（或负责人）、联系方式等基本信息。

二是劳动岗位及工作内容。劳动合同应明确劳动者担任的具体岗位和工作职责，包括工作的性质、具体任务、工作地点等。

三是薪酬及工时安排。劳动合同应明确劳动者的工资待遇、计算方式、支付时间和方式以及劳动时间、工作日、休假制度、加班和调休等安排。

四是劳动合同的期限。劳动合同应明确合同的起始日期、终止日期或合同期限，并约定合同期满后的处理方式。

五是其他待遇和权益。劳动合同可以涉及其他待遇和权益，如社会保险、公休假、带薪年假、培训机会、福利待遇等。这些待遇和权益可以根据法律法规和劳动市场的实际情况进行约定。

六是劳动保护和安全责任。劳动合同应明确用人单位对劳动者的劳动保护和安全责任，包括提供安全的工作环境、劳动防护设施和培训、遵守劳动法律法规等。

七是解除和终止合同的条款。劳动合同应明确解除和终止劳动合同的条件和程序，包括解除或终止的事由和提前通知期限，并约定违约责任和赔偿等相关事项。

八是争议解决方式。劳动合同可以约定争议的解决方式，如通过协商、调解、仲裁或诉讼等途径解决劳动纠纷。

（二）劳动合同中的约定条款

除前款规定的劳动合同必备条款外，用人单位与劳动者还可以约定试用期、培训、保守商业秘密、竞业限制、补充保险和福利待遇等其他事项。

三、劳动合同的效力

依法签订的劳动合同能够有效约束劳动者与用人单位的行为。劳动者和用人单位都需要按照劳动合同规定的内容行使权利和履行义务。

（一）劳动合同效力原则

根据法律规定，劳动合同必须满足意思自治、平等地位、平等待遇、诚实信用原则，双方当事人必须遵循自愿平等原则签订劳动合同，依法享有权利和履行义务。

（二）劳动合同的变更与效力

劳动合同由用人单位与劳动者协商一致，并经用人单位与劳动者在劳动合同文本上签字或者盖章生效。当需要修改劳动合同的条款的时候，劳动者与用人单位必须就需要修改的内容达成一致，并就该内容的变动签订书面协议，而且劳动者与用人单位亲自签字为变更后劳动合同生效的要件，修改后的内容取代原合同中受变更影响的部分条款。劳动合同变更后，仍然具有原劳动合同的效力，但修改事项以及生效日期等需明确注明。用人单位变更名称、法定代表人、主要负责人或者投资人等事项，不影响劳动合同的履行。

（三）劳动合同的终止与效力

劳动合同可以因双方协商一致、达到约定的期限、某一方提前单方解除、法定事由或合同无效等终止。在终止劳动合同后，合同中约定的义务终止，但合同成立及履行期间产生的权利、义务、责任等仍具有效力，直至合同履行完毕。

（四）劳动合同争议的解决与效力

当劳动合同双方发生争议时，双方首先应当通过协商等合法途径解决。双方如果无法达成一致，可以依法申请劳动仲裁或向劳动人事争议仲裁委员会提起诉讼进行解决，保障劳动合同争议的有效解决。

四、大学生签订劳动合同的注意事项

(一)大学生签订劳动合同的原则

1.依法自愿签订

劳动合同应当符合国家法律法规的规定,合同双方约定的内容应当合法合规,不得违反国家法律的强制性规定。基于劳动者的自愿原则,双方应遵循公平、平等的原则,在充分了解合同内容的基础上签订合同。在签约过程中,劳动者具有知情权。知情权具体指的是劳动合同的双方当事人有权了解与劳动相关的各种具体情况,通过当事人的行使而实现。用人单位在与劳动者就劳动关系签订劳动合同以前,应当按照真实情况履行如实告知义务,将用人单位内部的各方面信息告知劳动者。在签订合同时,劳动者可参照单位和社会的平均标准或一般标准或国家对最低工资标准、最高工时、劳动安全保护等所作的规定。

2.合同形式

《中华人民共和国劳动法》规定:“劳动合同应当以书面形式订立。”签订书面劳动合同是建立劳动关系的必要环节,劳动者在签订劳动合同时,要注意逐一查阅合同条款,对合同内容有疑问的,应当提出异议,这是劳动者的合法权利。但目前仍有某些用人单位逃避约束,以各种借口不与劳动者签订书面劳动合同。当用人单位催促大学生求职者直接在落款处签名时,大学生求职者也要仔细阅读相关条款,对部分条款有异议的,务必及时提出并要求说明、备注,用人单位应当如实告知且配合对方。

3.约定明确

劳动合同所约定的事项应当明确清晰,避免模糊不清,以防止产生纠纷和歧义。

(二)大学生签订劳动合同时常见的违规情形

1.口头合同

部分用人单位在聘任大学生时并未签订书面的劳动合同,而是通过口头合同的形式与大学生达成一致。初入职场的大学生社会经验较少,容易轻信用人单位的承诺,不对用人单位口头承诺的真实性和准确性加以验证。但是,劳动力市场瞬息万变,口头合同不具备任何法律效力,若用人单位否认双方协商一致的结果,则大学生的合法权益将会受到侵害。

2.格式合同

部分用人单位会按照相关部门制定的劳动合同模板编制格式合同,此类合同表面上顺应了劳动法律法规的要求，但部分条款太过笼统，多数主体难以达成共识。若在履行过程中出现矛盾纠纷，格式合同就会成为用人单位不履行法定义务的借口，损害大学生的合法劳动权益。

3.单方合同

部分用人单位借着劳动力市场供大于求的时机，和劳动者签订单方合同，在劳动合同中明确规定了劳动者需要承担的义务、不履行义务或履行义务不完全时需要承担的责任，但却并未规定自身应当承担的义务，这导致大学生和用人单位在权利义务关系上不平等。

4.“生死合同”

一些从事高危工作的用人单位在招聘劳动者的时候，为了规避法律责任和风险，常常会拟定并要求劳动者签订“生死合同”，简单来说就是若劳动者在工作过程中出现意外事故或自身的人身安全和财产安全受到损害，则用人单位不对其进行赔偿，由劳动者自己承担责任。部分劳动者为了顺利就业，会怀着侥幸心理与用人单位签订“生死合同”，切断自己在劳动权益受到损害时的退路。

（三）大学生签订劳动合同的注意事项

1.正确区分劳动合同与就业协议

根据调查结果，部分大学生难以明确区分劳动合同与就业协议。这部分大学生认为在签订了校方制定的就业协议之后，无须再与用人单位签订劳动合同。出现这种现象的根本原因在于大学生未明确就业协议和劳动合同的不同之处，未对劳动合同形成正确的认知，难以借助法律手段保障自身的合法权益不受用人单位的非法侵害。

2.正确认识劳动合同中的权利与义务

随着《中华人民共和国劳动合同法》的出台和贯彻落实，社会各行各业的用人机制都趋向成熟，特别是国有企业与事业单位，其岗位招聘都面向社会公开透明地进行。因此，应届毕业生必须正确认识劳动合同中的权利与义务。其产生原因有：一是大学生当前面临严峻的就业形势，就业压力较大，劳动力市场供大于求，特别是大学生长期身在学校，社会经验较少。二是大学生并未正确理解和认知劳动合同中规定的权利与义务关系。三是在用人单位招聘大学生时，大学生主观上会产生这份工作来之不易的错觉，为了降低迟则生变的风险，大学生会在短时间内迅速与用人单位签订合同，但是短时间内签订合同又会导致大学生难以发现合同内容中的法律漏洞，不清楚自身签订合同之后在权利与义务方面会受各种限制，用人单位就会借机在劳动合同内容上制造漏洞，将权利更多地归于用人单位,将义务更多地划归给大学生。

3.正确认识“霸王条款”

随着高等教育学校招生名额逐渐增加,大学生规模逐渐扩大。大学生在毕业之后承担着较大的就业压力,部分用人单位在招聘时对试用期进行延长,更有甚者会以约定的形式将试用期延长到 12 个月。当试用期满之后,用人单位会寻找各种理由辞退员工。上述现象受极为严峻的就业形势影响较大。不过从中也能够看出,大学生认为自身处于就业弱势地位,很少会有勇气反对用人单位的“霸王条款”。部分大学生只有在同类情况发生在其他主体身上的时候才会愤愤不平,但当自己陷入同样的境地时,却又一言不发。

(四)大学生签订劳动合同风险规避

1.大学生签订劳动合同时的法律风险应对现状

调查数据显示,在签订劳动合同时,部分大学生面对法律风险采取的应对方案主要有下列几种。

一是缄口不言,默默忍受。大学生在受到不公平对待之后缄口不言的原因在于:高等教育学校招生名额逐渐扩张,大学生就业形势日益严峻,大多数大学生承担着较大的就业压力,即使知道用人单位提供的劳动合同在内容上不合法,也会因害怕错失就业机会而选择默默忍受。大学生更怕在依法维护自己合法权益之后错失就业机会。缄口不言、默默忍受不但放任了问题的存在,而且也给自己带来了更多潜在的风险。

二是向长辈寻求帮助。大学生本身的社会经验较少,心理不成熟,一旦面对上述不公平情况和潜在的法律风险,会下意识向亲朋好友或是长辈寻求帮助。而部分大学生的长辈对劳动合同了解并不多,很难为大学生提供有针对性的意见。部分大学生也会选择和用人单位开诚布公协商,协商不成再寻求专业人士帮助。

三是离职。一些大学生在与用人单位签订合同的时候常常怀有侥幸心理,觉得就算签订的劳动合同会给自己带来潜在的风险,也比依旧苦苦寻求就业岗位要好得多。在通过协商也难以解决当前的问题时,大学生只能离职。

2.大学生签订劳动合同常见的风险规避

(1)当用人单位实际住所和劳动合同履行地并不完全相同的时候,职业危害防护、最低工资、月平均工资、劳动保护等相关内容需要严格按照劳动合同履行地的规定加以明确。在上述事项中,按照用人单位注册地的规定相较于劳动合同实际履行地来说更有利于劳动者且双方约定遵循用人单位注册地的,按照其约定进行确定。

(2)应聘者试用期工资必须超过单位内部相同岗位员工最低工资的80%，或者必须超过劳动者和用人单位在劳动合同中协商确定工资的80%，同时必须超过该地区规定的最低工资标准。

(3)用人单位在对劳动者群体开展培训的时候，需要自行承担培训过程中用于劳动者的一切费用。

(4)除双方协商一致外，劳动者依法提出订立无固定期限劳动合同的，用人单位应该与其订立无固定期限劳动合同。对劳动合同的内容，双方应当按照合法、公平、平等、自愿、协商一致、诚实信用的原则协商确定。

(5)在劳动者与用人单位形成实际用工关系之后的30天内，劳动者在接收到用人单位以书面形式发出的通知之后依旧不与之签订劳动合同的，用人单位能够以书面的形式解除与劳动者的劳动关系，且不需要向其支付任何的经济补偿，不过必须按照劳动者付出的劳动支付其报酬。

(6)劳动合同期限短于双方约定期限的，应当按照双方约定期限对劳动合同的生效期限进行延长；双方另有约定的，从其约定。

(7)职工连续工作满10年的起始时间，应当自用人单位用工之日起计算，包括《中华人民共和国劳动合同法》施行前的工作年限。

(8)用人单位与劳动者不得在《中华人民共和国劳动合同法》规定的劳动合同终止情形之外约定其他的劳动合同终止条件。

(9)劳动者受到外界因素影响出现用人单位变动情况的，在计算其工作年限时需要将两个用人单位的工作年限合并。若原用人单位按照法律规定支付了经济补偿费用，则新用人单位在按照法律规定终止、解除劳动合同计算经济补偿数额时，可将原用人单位的经济补偿数额排除在外。

五、大学生试用期的法律问题

(一)大学生就业中试用期的法律界定

试用期是用人单位通过合法的手段判断劳动者的工作水平与核心素养是否满足岗位现实需求的期限，同时试用期也为劳动者判断就业岗位是否满足自身预期提供了考查机会。关于试用期，法律有明确的规定。

1.法律明确规定了试用期存在的前提——签订劳动合同

《中华人民共和国劳动合同法》第十七条规定，用人单位与劳动者可以约定试用期。现实中，有的用人单位在与毕业生签订就业协议之后、正式签订劳动合同之前就与毕业生约定试用期，该行为违背了试用期签订的法定前提条件，因而是无效的。毕业生有权要求用人单位按照正式职工的工资标准结算工资，或者向人民法院申请诉讼维权。

2.法律明确规定了试用期可以约定的期限

《中华人民共和国劳动合同法》第十九条规定，劳动合同期限三个月以上不满一年的，试用期不得超过一个月；劳动合同期限一年以上不满三年的，试用期不得超过二个月；三年以上固定期限和无固定期限的劳动合同，试用期不得超过六个月。同一用人单位与同一劳动者只能约定一次试用期。以完成一定工作任务为期限的劳动合同或者劳动合同期限不满三个月的，不得约定试用期。试用期包含在劳动合同期限内。劳动合同仅约定试用期的，试用期不成立，该期限为劳动合同期限。

3.法律明确规定了劳动者试用期的工资待遇

《中华人民共和国劳动合同法》第二十条规定，劳动者在试用期的工资不得低于本单位相同岗位最低档工资或者劳动合同约定工资的百分之八十，并不得低于用人单位所在地的最低工资标准。

4.法律明确规定了试用期劳动合同解除限制

《中华人民共和国劳动合同法》第二十一条规定，除劳动者有本法第三十九条和第四十条第一项、第二项规定的情形外，用人单位不得解除劳动合同。用人单位在试用期解除劳动合同的，应当向劳动者说明理由。

（二）试用期和试工期的区别

试用期和试工期虽只有一字之差，但二者却不相同。试工期是指在员工正式工作之前，用人单位通过员工几天的试工来权衡员工适不适合这份工作。试工期内用人单位必须向劳动者支付工资报酬，否则试工期不支付工资属于用人单位克扣劳动者工资，用人单位需承担法律责任。试工期超过一个月的应签订劳动合同。自发工资时起，用人单位应当为劳动者缴纳社保，若劳动者在试工期发生工伤，则用人单位也应承担劳动者的工伤治疗费用和支付劳动者工伤待遇赔偿等。

现实中，要求试工试岗的多数是小公司，且大多招聘的岗位是销售岗、劳动密集型岗位，岗位人员流动性大，短时间内公司可通过试工试岗筛选应聘者。劳动者在应聘时，最好和用人单位协商清楚工资情况、工资打款时间、有无合同或协议、用工时长、社保公积金缴纳等情况。如果能接受则接受，如果权益受损，可采取劳动仲裁的方式来维权。

（三）大学生试用期常见法律问题

1.试用期期限是否可以任意约定？

根据《中华人民共和国劳动合同法》第十九条，劳动者和用人单位能够以约定的形式确定试用期。双方签订的固定期限劳动合同期限高于三个月但不满一年的，试用期时间必须在一个月范围内；固定期限劳动合同期限在一年到三年范围内的，试用期时间必须在两个月范围内；固定期限劳动合同的期限超过三年的，试用期时间只能在六个月范围内。双方只能约定一次试用期。若劳动合同的期限以工作任务完成为衡量标准，则双方不允许约定试用期。

2.用人单位在试用期是否可以任意辞退劳动者？

根据《中华人民共和国劳动法》，用人单位要想在试用期辞退劳动者，必须要证明劳动者实施的行为达到了法定的不符合录用的条件，且用人单位承担着证明劳动者行为达到法定不符合录用条件的举证责任。举证责任的承担在一定程度上使得用人单位辞退劳动者必须达到法定条件，否则任意辞退劳动者需承担违法解除劳动合同所带来的一切法律后果。

在此，大学生必须明确，用人单位要想在试用期解除劳动关系，必须承担相应的举证责任，劳动者不用收集相关的证据证明自身并未实施不被录用的行为。

3.用人单位在试用期是否应该给劳动者缴纳社会保险？

试用期内的员工同样与企业存在劳动关系，试用期限制是劳动合同期限的特殊构成，用人单位在试用期需要严格按照法律规定为劳动者缴纳社会保险。

4.劳动者若想在试用期主动解除劳动合同，需要符合哪些要求？

根据《中华人民共和国劳动合同法》第三十七条，劳动者提前三十日以书面形式通知用人单位，可以解除劳动合同。劳动者在试用期内提前三日通知用人单位，可以解除劳动合同。部分用人单位在与劳动者签订劳动合同时明确提出，劳动者若在试用期解除劳动合同需要向用人单位支付违约金，这一规定并不合法，阻碍了劳动者单方解除权的行使，不具备法律效力。

5.试用期期限是否包含在劳动合同期限内？

试用期期限属于劳动合同期限的一个组成部分。若劳动者和用人单位在签订劳动合同时只约定了工作试用期，并未确定劳动合同生效期限，则试用期期限即为劳动合同的生效期限。用人单位在试用期没有和劳动者签订劳动合同，不影响试用期期限是劳动合同期限的组成部分。

六、大学生提高就业法律素养的路径

(一)增加实践机会,丰富社会经验

大学生在面对就业法律风险时选择的应对方案,与自身的法律素养密切相关。大学生社会经验少,要想摆脱经验较少带来的限制,只能不断实践。学校可以在大学生上学期间为其提供各式各样的实践机会,帮助其积累实践经验。

(二)学习法律知识,培养法律意识

除法学专业的大学生,其他专业大学生在学习和生活中接触到的法律知识较少,安逸的环境让大学生忽略了法律知识对维护自身合法权益的重要作用,并未养成法律意识。因此在学习和工作中,学校应加强对在校大学生就业法律素养的培育,大学生在学习时不但要掌握专业知识与专业技能,还要适当了解和就业有关的法律常识,在正常生活和工作不受影响的情况下自觉选修法律课程,为就业时通过法律手段保障自身合法权益奠定基础。大学生只有具备一定的法律知识才能切实保障自身的合法权益不受侵害。

(三)转变就业观念

大学生在就业时必须端正自己的态度,从自身能力出发选取最合适的工作,脚踏实地,养成先就业再择业的意识,在工作中积累经验,寻找工作机遇,明确发展方向,在此基础上不断努力,降低应届毕业生毁约的概率。在不断积累工作经验的同时寻找更适合自己的工作,在长期的努力中不断实现预期设立的发展目标。

第二节　劳动合同的解除与终止

劳动合同的解除与终止是劳动关系发展过程中的重要环节,涉及劳动者和用人单位双方的权利和义务。劳动合同的解除与终止既需要遵守劳动法律法规,也需要考虑双方的合法权益和社会稳定。本节将从劳动合同解除的方式和条件、劳动合同终止的原因和程序等方面进行解析和阐述,以帮助劳动者和用人单位了解劳动合同解除与终止的相关问题。

一、劳动合同解除与终止的情形

劳动合同解除是指劳动者和用人单位依法或依约定,在达到法定条件或约定条件的情况下解除双方的劳动关系。在司法实践中劳动合同解除与终止的

情形包括以下几种。

(一)劳动合同解除的情形

1.劳动者与用人单位协商一致解除

劳动合同双方在协商一致的情况下,可以解除劳动合同。协商一致解除劳动合同时,双方应明确解除的时间、方式和相关义务等,以确保各自的合法权益不受侵害。

劳动者与用人单位已经完成了劳动合同的签订,劳动者要想在劳动合同失效之前解除合同,则必须按照相应程序以书面形式提前一个月告知用人单位,否则需要承担相应的赔偿责任。不过劳动者若正处于试用期间,则提前三天将解除劳动合同的意愿告知用人单位即可。

根据《中华人民共和国劳动合同法》,劳动者与用人单位可以通过协商一致的方式提前解除劳动合同,双方可以自行商定解除的条件和时间,不受法定解除条件的限制。是否需要支付违约金取决于劳动者和用人单位之间是否有相关的约定。在劳动合同或者双方另行签订的协议中,如果有关于提前解除劳动合同的违约金条款,那么双方应当按照约定执行;如果没有约定或者约定不明确,一般情况下用人单位不需要支付违约金。值得注意的是,即便是协商一致解除劳动合同,用人单位仍需要按照《中华人民共和国劳动合同法》的规定支付经济补偿。经济补偿的计算通常基于劳动者在单位工作的年限以及月工资基数。此外,如果用人单位违反了法律规定或合同约定,劳动者可以主张额外的赔偿。在实际操作中,为了保护双方的合法权益,建议在协商一致解除劳动合同时,明确双方的权利和义务,并以书面形式记录下来,防止未来出现纠纷。如有必要,可寻求法律专业人士的帮助。

2.期限届满解除

劳动者和用人单位约定的期限届满之后,劳动合同便不再具有法律效力。劳动者和用人单位可以通过约定决定是否解除或再次续签。虽然固定期限劳动合同到期自然终止,但用人单位和劳动者可以根据实际情况协商续签劳动合同。如果双方均有意续签,应当及时办理续签手续,以确保劳动关系的连续性和稳定性。劳动者达到法定退休年龄后,不再需要续签劳动合同。根据《中华人民共和国劳动合同法》,劳动合同终止的情形之一就是劳动者达到法定退休年龄。此时,劳动者应当依法享受养老保险待遇,转入退休状态。此外,虽然劳动合同终止,但如果用人单位和劳动者之间还有其他法律关系,则需要另行签订相应的合同来规范双方的权利和义务。

3.劳动者或用人单位提前解除

劳动者或用人单位可以依照法律规定提前解除劳动合同，但必须按照相应程序提前告知另一方主体，提前解除劳动合同的劳动者或用人单位需要承担另一方因提前解除造成的经济损失，但不得过高。

4.达到解除事由

劳动者或用人单位可以依法或依约定行使劳动合同的解除权。常见的解除事由包括双方协商一致、严重违反劳动纪律或职业道德、严重失职、严重损害用人单位合法权益等。

（二）劳动合同终止的情形

《中华人民共和国劳动合同法》规定，有下列情形之一的，劳动合同终止：劳动合同期满的；劳动者开始依法享受基本养老保险待遇的；劳动者死亡，或者被人民法院宣告死亡或者宣告失踪的；用人单位被依法宣告破产的；用人单位被吊销营业执照、责令关闭、撤销或者用人单位决定提前解散的；法律、行政法规规定的其他情形。

二、解除和终止程序

劳动合同的解除和终止应当按照法律规定和合同约定的程序进行。解除和终止劳动合同应提前通知对方，可以采取书面、口头或其他形式。在解除和终止劳动关系时，所涉及的工资、福利待遇、补偿金等，应当按照法律和合同约定进行结算。

第四章　大学生就业权益

大学毕业是每个大学生人生中的重要时刻，也是大学生融入劳动力市场的关键阶段。然而，当前大学生的就业面临诸多困难和不确定性。为了保障大学生的就业权益，维护其合法权益，为其提供更好的就业机会，需要采取相应的措施和制度来加强对大学生就业权益的保护。

本章将探讨大学生就业权益保障的重要性，着重分析现有的就业权益保障机制和相关法律法规，加强大学生的就业权益保障，促进他们实现更好的就业和发展。研究当前大学生就业权益保障的问题有助于为政府和相关部门解决就业问题提供参考，推动建立健全就业政策和制度，促进大学生稳定就业和个人发展，为社会的稳定和进步做出积极贡献。

第一节　就业权益的意义与保障

大学生就业保障的法律法规主要包括以下内容：《中华人民共和国劳动法》详细规定了劳动者在劳动关系中享有的福利待遇与合法权益，为大学生在就业过程中借助法律武器保障劳动权益提供了依据；《中华人民共和国劳动合同法》详细规定了劳动合同变更、履行、签订和解除等程序和事项，能够保护大学生与用人单位合乎法律规定的劳动权益；《中华人民共和国就业促进法》能够帮助大学生实时了解就业信息，为大学生解决就业过程中出现的问题与疑问，有利于减轻大学生的就业难度；《中华人民共和国社会保险法》能够帮助大学生了解社保的相关知识，明白社保包括失业保险、工伤保险、养老保险、生育保险、医疗保险等，为大学生健康权益的保障提供法律依据。

一、就业权益的定义

就业权益是指劳动者在就业过程中享有的合法权益，包括平等的就业机会、合理的薪酬待遇、良好的工作环境和劳动保护等方面的权益。

大学生初入社会，属于初入职场的劳动者，其就业权益相较于普通劳动者来说也有着自身的独特性，主要表现为以下方面。

一是就业难度大。大学生通常在求职过程中面临较大的就业压力和较高的就业门槛，因此保护其就业权益尤为重要。

二是职业发展需求强烈。大学生通常希望有稳定的职业发展路径和机会，因此对职业发展的促进和保障需求较高。

三是相对于有工作经验的劳动者，大学生对自身权益的认知可能不足，特别需要就业权益保障方面的支持和引导。

二、大学生就业权益保障的重要性

维护大学生就业权益，对于构建社会主义和谐社会与法治社会、维护社会稳定、促进社会主义现代化建设具有极其重要的意义。保障大学生就业权益的重要性体现在以下几个方面。

（一）促进社会公平与稳定

维护大学生就业权益是推动社会公平的重要保障。在就业过程中，大学生应享有平等的机会和待遇，不应受到任何形式的歧视和不公平对待。坚持公平原则，保障大学生就业权益，有利于建立公平竞争的就业环境，促进社会的公正和稳定。

（二）提升就业质量和社会发展水平

维护大学生就业权益有助于提升大学生的就业质量和社会发展水平。当大学生的就业权益得到保障，能够在工作中获得合理薪酬、公平待遇和良好的工作环境，他们就能更好地发挥自己的专业能力和创造力。这不仅有助于促进大学生的职业发展，而且能为社会创造更多的价值和财富。

（三）促进人才流动和经济发展

维护大学生就业权益对于促进人才流动和经济发展至关重要。当大学生的就业权益得到保障，他们更愿意积极参与到各个地区和行业的就业中，这能够促进人才资源合理流动。这不仅有助于满足不同地区和行业对人才的需求，而且有助于促进经济的多样化和持续发展。

（四）增强社会凝聚力，促进社会和谐稳定

维护大学生就业权益有助于增强社会凝聚力，促进社会和谐稳定。当大学生的就业权益得到保障，他们能够更加安心地工作和生活，形成良好的价值观和行为方式，这能够增强社会的凝聚力和向心力，促进社会和谐稳定发展。

（五）培养大学生的社会责任感和创新能力

维护大学生就业权益能够培养大学生的社会责任感和创新能力。当大学生感受到社会对他们的关心和支持，他们会更加珍惜自己的就业机会和成长空间，提高自身的综合素质和社会责任感。这有助于培养大学生的社会责任感和创新能力，使他们在就业过程中更积极地参与社会发展和创新。

维护大学生就业权益对于实现社会公平、促进经济发展、增强社会凝聚力和培养高素质人才具有重要意义。政府、教育机构、用人单位和社会各界应共同努力，加强对大学生就业权益的宣传和教育，建立健全法律法规体系和监管机制，为大学生提供公平、公正的就业环境，使他们能够充分发挥自己的才华和创造力，为社会和经济发展贡献更大的力量。

第二节　大学生就业权益与问题分析

大学生的就业问题一直备受关注，针对大学生就业权益的保障问题，许多国家都制定了相应的法律法规。其中《中华人民共和国就业促进法》作为一项重要法律法规，旨在促进和保障就业，为大学生的就业权益提供法律保障。随着国家经济的快速发展和劳动力市场的变化，就业促进法在保障大学生就业权益方面发挥了重要作用。本节旨在探讨就业促进法对大学生就业权益的规定与保障，着重介绍大学生在就业择业过程中享有的权利，并通过分析就业促进法的核心内容和实践应用，探讨其在保障大学生就业权益方面的影响和意义。进一步推动就业促进法的有效实施和改进，有利于为大学生提供更加公平和有力的就业保障，促进个人的发展和社会的进步。

一、大学生在就业期间依法享有的就业权益

大学生在就业期间依法享有平等就业权、自由选择职业的权利、获得劳动安全卫生保护的权利、劳动薪酬权、教育培训权、社会保险权以及法律规定的其他劳动权利。这些权益的保障能够确保大学生在就业过程中获得公平合法的权益，促进他们的个人发展和社会进步。

（一）平等就业权

法律规定，大学生在就业过程中应当受到平等对待，不受民族、性别、年龄、宗教、残疾等因素的歧视。他们有权享受与其能力、资历相符的就业机会和待遇。我国法律明确规定，职业中介机构、用人单位在进行人员招聘时，必须保证每个劳动者享受同等的就业条件与机会，不允许存在任何就业歧视现象。大学生在毕业之后自主择业和就业时，享有我国法律明确规定的平等就业权，该权益是大学生就业权利中最重要的权益，主要包括以下权利。

1.获取就业信息权

政府、高校、社会与用人单位应当将就业信息在所有大学生范围内严格按照全面、准确、公开、及时的原则实现共通共享。所有信息应当向全体大学生公开，不得截留和隐瞒；公布信息应当及时、准确，不得将过时无用的信息提供给大学生。根据《中华人民共和国高等教育法》第五十九条，高校应当通过提供就业指导与服务满足结业生与毕业生在就业方面咨询的现实需求。所以，接受就业指导权是我国法律明确规定的大学生享有的就业权益。大学生应当充分利用各高校成立的就业指导服务机构接受就业指导，并通过网络、媒体、招聘会等形式获取就业信息和服务。

2.被推荐权

学校向用人单位推荐时应当坚持实事求是的原则如实推荐，不得随意抬高和贬低学生。学校推荐毕业生时应当坚持公平、公正和公开的原则，为大学生提供公平竞争的机会。学校应当坚持择优推荐的原则，根据大学生的在校表现和用人单位的要求选择优秀大学生进行推荐。

3.公平受录用权

用人单位在招聘大学生的时候，应当严格按照公正与公平的原则平等对待所有大学生。除非法律明确规定大学生不适合该岗位或工种，否则用人单位不允许以宗教信仰、民族、性别、种族不同为缘由剥夺大学生的就业机会。我国以立法的方式承认了劳动者依法享有自主就业与平等就业的权利，用人单位在录用劳动者的时候不允许存在歧视情况，否则需要承担违约责任。

在大学生就业实际中，会存在各种各样的就业歧视，其中性别歧视最为普遍。无论是发布的招录人员简章或招聘广告，还是人力资源在面试时对应聘者的提问，都不得包含歧视性内容，包括：不允许歧视肢体或智力不健全的自然人；不允许以贿赂、捏造虚假事实等违法方式录用劳动者；除非法律明确规定该岗位或工种不适合妇女，否则不允许以性别为理由剥夺妇女的就业机会或提高就业门槛;不允许用人单位以劳动者携带传染病病原为由剥夺其就业机会,不过在经过专业机构鉴定排除传染可能性之前或治愈以前,不允许劳动者从事法律明确规定或有关部门明确规定的易于扩散的岗位或工种;用人单位在招聘妇女的时候,不允许在签订的劳动合同中对妇女的情感状态和生育权加以限制;除卫生行政部门或法律明确规定禁止乙肝病原携带者求职的岗位或工种以外,用人单位不得以此为由剥夺劳动者的就业机会。

劳动者在求职过程中发现被区别对待或歧视的,可以向法院提起诉讼,无须经过劳动仲裁前置的程序,用人单位可能会被要求缴纳罚款并向劳动者提供补偿。

4.公平待遇权

国家法律规定工资分配应当遵循按劳分配原则,实行同工同酬。我国法律明确规定男子与妇女在劳动权益、福利待遇上一律平等,同工同酬。用人单位不得以性别、民族、户籍等因素为由降低大学生的福利待遇。关于违约求偿权,学校、用人单位以及毕业生在签订三方协议以后,三方主体都必须按照就业协议的内容约束自己的行为,不允许私自解除就业协议或变更就业协议的内容,否则需要对另两方主体承担违约责任。若用人单位在无正当理由的情况下行使就业协议的单方解除权,则毕业生可以按照法律规定要求其继续履行就业协议内容或承担违约责任。

(二)自由选择职业的权利

大学生有权自由选择职业,无论是选择创业还是选择就业,都应受到法律的保护。他们有权根据自己的意愿和能力进行职业选择,不受任何干涉。大学生在就业过程中有权与用人单位签订劳动合同或劳动协议,明确双方的权利和义务。合同应明确约定工作内容、工资待遇、工时安排、社会保险和福利待遇等,保障大学生合法权益。

(三)获得劳动安全卫生保护的权利

大学生有权享受合理公平的劳动条件,包括安全的工作环境、合理的工作时间和休假制度、良好的劳动保护和劳动安全等。用人单位应提供适当的工作条件和环境,确保大学生的身心健康和安全。

(四)劳动薪酬权

大学生有权获得合理公平的薪酬待遇。用人单位应根据工作岗位、工作量、工作质量和市场价值等因素来确定薪酬,不得存在性别、年龄、种族等方面的歧视,应按时足额支付。

（五）教育培训权

大学生有权接受与工作相关的教育培训，提高自己的职业技能和专业素养。用人单位应提供相应的职业培训机会和资源，为大学生的个人发展和职业进步提供支持。

（六）社会保险权

大学生有权享受社会保险，包括养老保险、医疗保险、失业保险和工伤保险等。用人单位应按照法律规定为大学生办理社会保险，确保他们在工作期间和离职后享受相应的保障。

二、保护大学生就业权益的途径

大学毕业生依法享有被推荐权、自主择业权、接受就业指导权等诸多合法权益，但是在兼职或就业时若权益受到用人单位的侵害，则大学生可采取下列几点措施保障自身的就业权益。

（一）将情况反馈到就业主管部门，寻求帮助

毕业生在就业过程中，如果自身合法权益遭到用人单位或中介机构的不正当行为的侵害，比如就业歧视、虚假招聘、强制收费等，有权利向各级行政主管部门进行举报和投诉。相关部门主要有毕业生就业主管部门、劳动监察机构、物价监察机构、市场监管部门等。这些部门会依法对侵犯毕业生合法权益的行为进行处理。在投诉或举报时，毕业生应提供尽可能详细的信息，包括但不限于：用人单位或中介机构的名称、联系方式；对侵权行为的具体描述；相关证据材料，如合同、通知书、往来邮件等。此外，毕业生还可以通过法律途径来维护自己的合法权益，比如向劳动仲裁委员会申请仲裁，或者向人民法院提起诉讼。在处理这些问题时，了解相关法律法规和程序是非常重要的。

（二）寻求高校的救济与保护

在保护毕业生就业权益时，高等教育学校发挥的作用最直接。学校能够借助规章制度增强就业推荐与就业指导行为的公开性和透明性，严格按照法律规定抵制用人单位收受贿赂、违法录用的行为，保障大学生的公平受录用权等就业权益不受非法侵害。若用人单位制定的就业协议在权利义务上不利于毕业生合法权益的保护，校方可以按照法律规定进行驳回，学校未审批的就业协议无效。

（三）大学生自我保护

大学生自我保护是保障大学生就业权益的一大途径，这一措施主要包括以

下几方面内容。

首先，大学生需要实时掌握和了解最新的就业政策、就业规划以及就业方针，了解三者的异同，了解自身在就业时享有哪些权利，需要承担哪些义务，在此基础上进行自我保护。如果在就业过程中因为所谓的公司规定与国家法规、政策存在冲突而难以保障自身的就业权益，那么大学生可严格按照国家政策法规对自身的就业权益进行救济。

其次，大学生需要在不违反就业规范的情况下实现平等就业和自主择业，在行使自己合法权利的同时，不影响或不限制其他主体就业权益的实现。若在大学生平等就业和自主择业过程中出现下列情况，学校可将情况上报有关部门，将该大学生排除出负责就业范围外：①不考虑社会公共利益与国家利益，自私自利，被多方主体教育之后仍固执己见；②被录用之后不配合用人单位开展各项工作，或者因提出的要求超出了正常范围而被用人单位退回的；③在派遣以后，无故超过三个月未到用人单位报到的；④其他未遵循就业规范的情形。在大学生毕业以后，学校会按照法定程序将大学生的档案与户籍关系转到大学生的住所地。

再次，用人单位在录用大学生之后，大学生可以通过法律手段保证自身的就业权益不受侵害。例如，大学生依法到用人单位报到之后享有与其他职工相同的福利待遇；除非对体质有特殊要求的工种或岗位，否则不允许用人单位随意将大学生退回；除此之外，除非法律另有规定，否则大学生在各个地区之间的流动不受其他主体的干涉和影响；大学生到用人单位报到以后，若因自身健康问题无法胜任该工作，则用人单位需对其进行妥善安置，不允许将其退回学校，大学生需要充分了解自身到用人单位报到之后享有哪些权利。

最后，大学生必须借助法律手段避免自身合法权益受到他人的非法侵害。若自身的合法权益被用人单位非法侵害，则大学生有权以申诉、仲裁或起诉的形式保护自身的合法权益。帮助大学生树立法律观念可从下列几方面采取措施：第一，大学生必须通过自主学习掌握一定的法律知识，实时了解和掌握就业市场的政策与方针，端正自己的就业观和择业观，了解自己在自主就业时享有的权利以及应该履行的义务；第二，大学生在自主学习法律基础知识的时候，应当注重培养自身从法律角度思考问题的能力，借助法律思维解决就业难题；第三，大学生必须养成通过法律手段保护自身合法权益的意识，当自身合法权益被他人非法侵害的时候，可以借助法律手段进行维权，即当大学生养成法律维权意识之后，就能够采取寻求学校帮助、申诉、劳动仲裁、起诉等方式保障就业权益。

(四)高校组织开展就业权益保护讲座,帮助大学生准确识别和预防就业风险

在大学生自主择业之前,学校会针对大学生群体进行就业指导教育,针对为大学生就业提供指导服务的主体组织开展相关讲座,实现具体指导和整体教育之间的深度融合,尽可能帮助大学生有效规避就业风险,保障自己的就业权益不受用人单位或其他机构非法侵害。学校会借助案例分析或邀请已经出现权益受损情况的学生分享经验,帮助大学生养成独立思考意识,学会通过法律手段保障自己的合法权益,精准识别和规避就业风险,从多个角度考量该用人单位是否可靠。相关数据显示,组织和开展就业权益指导讲座对大学生就业权益保护来说发挥的作用最为显著。

建立完备的大学生权益保障体系离不开社会与学校的支持。社会与学校可以从各方面出发为建立完备的大学生权益保障体系提供助力,真正做到以人为本,不断增强在大学生就业权益保障工作中发挥的作用,提高就业权益保障机制在实践中的可行性和可操作性。各高校也应当从多个角度分析并掌握当前就业权益保护工作开展的实际情况,从学生角度出发制定最为科学合理的规章制度。除此之外,也应当充分发挥互联网的作用,构建大学生权益保障信息平台,帮助大学生解决就业权益保障难题。

三、正确理解大学生的就业权益

(一)就业机会与平等就业权益

就业市场是大学生实现就业的重要环境,了解市场需求对于保障大学生的就业权益至关重要。随着市场需求结构的变化,就业市场对人才的需求结构在不断变化,从传统行业转向高技能、新兴产业和服务业。大学生应了解当前市场需求的状况,调整自身就业观念,提升适应能力。不同地区的就业机会存在差异,一线城市和经济发展水平较高的地区就业压力显著较小,就业机会较多,但经济发展水平较差的地区则反之。大学生应根据自身条件和发展需求灵活选择就业地点。有些行业的需求量较大,如信息技术、金融、医疗保健和新能源等。大学生可以关注这些行业的发展前景,选择适合自己的专业与岗位。

(二)薪资待遇与合理收入权益

大学生的薪资待遇是就业权益中重要的一部分,也是影响他们就业满意度的重要因素。目前,薪资待遇方面存在一些问题需要关注和改进,主要表现在:一是薪资水平低。一些大学生可能面临薪资水平不高的问题,尤其是对于部分

专业技能要求不高或者竞争激烈的行业来说，相关部门可以加大力度推动各行各业合理提高薪资水平。二是薪资差距大。不同地区、不同行业、不同公司的薪资待遇存在差距，如一线城市和发达地区的薪资普遍较高。应加强薪酬公平，落实激励机制，确保合理的薪资差距。

合理收入权益是保障大学生就业的关键，相关部门应加强监管，确保大学生享有合理的收入权益。合理收入权益主要表现为：一是薪资支付的准时性。用人单位应按合同约定准时支付工资，相关部门可以加强监督，建立相应制度，保证大学生的薪资得到及时支付。二是分配制度的透明性。应提高用人单位的薪资分配透明度，建立公平的分配制度，确保大学生的收入与贡献成比例，并提供相关监督和申诉机制。三是职业晋升与薪资增长性。用人单位应建立合理的职业晋升机制，并将其与薪资增长相结合，鼓励大学生通过提升自身能力和价值来获得更好的薪资待遇。

（三）劳动保护与良好工作环境权益

劳动保护是保障大学生就业权益的重要方面，涉及工作时间、休假制度、劳动安全与健康等多个方面的问题。劳动保护与良好工作环境权益主要表现为：一是工作时间与休假制度。用人单位应合理安排工作时间和休假制度，确保大学生有足够的休息和休假时间，防止过度劳累。二是劳动安全与健康状况。用人单位应提供良好的工作环境和劳动保护设施，保障大学生的劳动安全和身体健康。三是保险与福利待遇。用人单位应依法为大学生缴纳社会保险，保证大学生在就业期间享受到福利待遇，包括五险一金等。

四、大学生在维权时需注意的法律事项

考虑到现阶段大学生就业市场及法律法规依旧有待健全与完善，大学生在自主就业与自主择业时必然会承担一定的风险，自身享有的合法劳动权益与就业权益也会受到一定的侵害。对此，大学生可以借助法律手段勇敢地维护自己的合法权益，比如向有关部门申诉、申请劳动仲裁、提起诉讼等。

（一）明确劳动争议制度的各项内容

劳动争议制度的模式为先调解、后仲裁、再起诉。该模式意味着劳动者和用人单位在出现劳动争议之后，可以通过平等协商的方法解决双方之间的矛盾争议，若无法协商一致，双方也可以通过劳动仲裁的形式解决争议，若依旧难以就争议解决达成共识，劳动者可以提起诉讼来保障自己的合法权益。

(二)明确程序规则

初入职场的大学生在学习基本法律知识的时候，不但要明确自身享有的权利，也应当明确程序规则。首先，劳动者在与用人单位签订劳动合同之后，若想解除劳动合同则需要提前30天以书面的形式告知用人单位；其次，申请劳动仲裁的主体需要在知道或应当知道权利被侵害之日起一年内以书面的形式向有关机关提出申请；最后，若劳动仲裁依旧难以解决双方之间的劳动纠纷，则主体可在收到仲裁裁决书之日起15天内向人民法院提起诉讼。劳动者或用人单位只能在法定期限届满之前行使自己的权利，逾期后便难以通过法律手段保障自己的合法权利。

综上所述，高校要帮助学生树立法律观念，掌握法律基本知识，学会运用法律维护自己的合法权益，切实规避劳动关系形成过程中出现的各种风险，保障自身的就业权益不受侵害。

第五章　大学生就业协议中的法律问题

签订就业协议是大学生进入职场的重要一环，在就业过程中具有关键的法律意义。就业协议作为一种就业合同形式，规范了用人单位和大学生之间的权利和义务，旨在保障双方的合法权益和确立平等合理的就业关系。然而，在大学生毕业求职中，就业协议的签订存在一些法律问题，可能影响到大学生的权益保障和职业发展。

本章将探讨大学生就业协议的性质、内容、违约与解约，以及就业协议与劳动合同的关系。深入研究大学生就业协议中的法律问题，有助于为政府、教育机构和用人单位提供参考，推动建立更加完善的法律法规和制度，加强对大学生就业协议的监管和保护力度，确保大学生的就业权益得到充分尊重和保障，同时，也将提醒大学生重视增强法律意识和学习法律知识，在签订就业协议时保持高度警惕，确保自身权益得到合法保护。

第一节　就业协议的概念及性质

就业协议是大学生区别于其他劳动者的显著特征，然而大学生在求职中，很多人不重视就业协议，认为就业协议只是一份“表格”，对于是否签订抱着无所谓的态度，或者在与用人单位签订时抱着“随意签署”的心态，为日后出现的就业协议法律问题埋下了隐患。本节着重厘清就业协议的概念及性质。

一、就业协议的概念

就业协议以书面形式规定了学校、用人单位以及毕业生应享有的权利和应履行的义务，为处理大学毕业生的保险、户籍、公积金、档案问题提供依据，就业协议的法律效力随用人单位录用毕业生而终止。就内容方面来说,就业协议明确规定了各方主体的权利、义务。相较于学校来说,毕业生与用人单位是就业协议内容规定的重中之重,学校本身无需承担法律责任,毕业生与用人单位在平等协商和交流的情况下,在未超过法定期限的基础上,选择成立劳动关系。就业协议是用人单位在毕业生报到时验证其个人信息是否真实的依据,是学校开展就业指导、就业方案制定、就业管理参考的主要标准。

二、就业协议的法律性质

(一)就业协议本身有着行政属性

就业协议是用人单位和毕业生出于自身真实意愿、在平等协商的基础上双向选择建立劳动关系,明确规定学校、用人单位以及毕业生应享有的权利和履行的义务的协议。就业协议在制定时包括三方主体,因此就业协议又被称为"三方协议"。

(二)就业协议不是劳动合同

对于毕业生来说,就业协议是由学校见证,毕业生与用人单位签订的一份意向性协议,就业协议不是劳动合同。就业协议是由有关机关按照法律规定制定的,规定学校、用人单位以及毕业生权利义务关系的协议,就业协议在签订之后就具有法律效力,其法律效力会在用人单位录用毕业生时自然终止。劳动合同一经签订,就业协议的效力就应当丧失,如果劳动合同与就业协议附件内容矛盾,以劳动合同为准。

(三)就业协议不能代替劳动合同

就业协议只是毕业生到用人单位报到的依据,不能代替劳动合同。签了就业协议并持报到证到就业单位报到后,毕业生即可与用人单位签订劳动合同。就业协议的作用仅限于对毕业生就业过程的约定,用人单位正式接收毕业生以后,就业协议的法律效力就不复存在。毕业生在规定期限内到企业报到以后,应当在最短的时间内和企业签订劳动合同,依据就业协议中规定的内容严格审查劳动合同的条款,避免自身的就业权益被用人单位非法侵害。

三、就业协议的效力及内容

就业协议是在学校的监督下,毕业生和用人单位出于真实意愿签订的双向选择的协议,在三方依法签署之后,就业协议便生效,但我们无法完全将就业协议与劳动合同等同起来。大学生在了解与应用就业协议的时候,可从下列四个角度入手：一是唯一性，大学生不允许同时持有多份协议，若大学生同时与多家用人单位签订就业协议，只有首份就业协议具有法律效力；二是法律效力的期限性，就业协议本身的法律效力会随着用人单位录用毕业生而自然终止；三是依法确定违约金，就业协议中违约金的具体数额需由企业和毕业生通过平等协商加以确定，而且不得超出该地区用人单位的相关规定；四是备注栏必须填写，毕业生需要尽可能把口头上和用人单位达成的承诺填写到备注栏，但在实际中超过 90％的毕业生不会将该内容填写到备注栏中。

（一）就业协议的效力

就业协议法律关系产生的前提在于三方签订的就业协议，具体指的是三方主体设定的、规定三者权利义务内容的法律关系。三方主体按照法定程序和条件签字之后，就业协议便开始生效，当事人不得无故变更或解除就业协议内容或效力，否则便需要承担相应的违约责任。就业协议的法律效力会随着劳动合同的签订而终止。若用人单位实施的行为违反了就业协议的规定，则毕业生可以按照相应程序完成解约。毕业生只有把该协议书提交给相关部门，才可以再次与其他用人单位签订就业协议。

（二）就业协议的内容

在就业协议规定的权利义务关系中，毕业生应当履行诚信磋商、按时报到等义务；用人单位应当履行签订劳动合同、接收毕业生等义务；高校应当履行见证双方双向选择、督促双方履行义务等义务。

现阶段，我国大部分学校提供的就业协议为格式条款，内容上涵盖了招聘意见、应聘意见、主体基本信息、各项义务等。除此之外，就业协议中也会为各方主体留有备注栏，便于双方在平等协商的情况下明确各自享有的权利以及应履行的义务。不过一般来说，就业协议在内容上只涵盖了各方主体的基本信息和初步意向，其作用仅限于对毕业生就业过程的约定，不涉及直接体现劳动关系的实质内容。

就业协议书内容具体明确（见图 5-1）。当前各个高校使用的就业协议书在内容制定上较为统一，总共涵盖了五个方面。就业协议只规定了毕业生在毕业之后到用人单位报到，但并未明确规定用人单位为其提供怎样的岗位。高校毕业生就业协议书中关于协议解除的具体规定，不同地区、不同高校以及不同用人单位的要求有所差异。一般来说，就业协议书会包含协议解除的条件、通知期限、违约责任、协议解除后的处理、特殊情况的规定（如对于因病、因事等特殊情况而无法继续履行协议的情形，协议书会有相应的特殊规定）。从实践角度，除了就业协议中规定的三种违约情形，毕业生和用人单位也会因其他情况承担违约责任，双方必须在签订就业协议之前详细讨论并协商。为了给毕业生与用人单位的合法权益提供更有力的保护手段，双方在签订以前应当严格审查，参考法律规定的劳动合同的必备条款，明确在毕业生报到之前各方享有的权利与应承担的义务。

备注：

编号：NO.

全国普通高等学校毕业生就业协议书

毕 业 生 ____________

用人单位 ____________

学校名称 ____________

教育部高校学生司制表

按《普通高等学校毕业生就业工作暂行规定》的要求，为维护国家就业计划的严肃性，明确毕业生、用人单位、学校三方在毕业生就业工作中的权利和义务，经协商，毕业生、用人单位、学校三方签订如下协议：

一、毕业生应按国家规定就业，向用人单位如实介绍自己的情况，了解单位的使用意图，表明自己的就业意见，在规定的时间内到用人单位报到，若遇到特殊情况不能按时报到，需征得用人单位同意。

二、用人单位要如实介绍本单位的情况，明确对毕业生的要求及使用意图，做好各项接收工作。凡取得毕业资格的毕业生，用人单位不得以学习成绩为由提出违约，未取得毕业资格的结业生，本协议无效。

三、学校要如实向用人单位介绍毕业生的情况，做好推荐工作，用人单位同意录用后，经学校审核列入建议就业计划，报教育部批准，学校负责办理派遣手续。

四、学校应在学生毕业前安排体检，不合格者不派遣，本协议自行取消，由学校通知用人单位。如用人单位对毕业生身体条件有特殊要求，原则上应在签订协议前进行单独体检，否则，以学校体检为准。

五、毕业生、用人单位、学校三方如有其它约定，应在备注栏注明，并视为本协议的一部分。

六、本协议经各方签字、盖章后生效。三方都应严格履行本协议，若有一方提出变更协议，须征得另两方同意，由违约方承担违约责任。

七、本协议一式三份，毕业生、用人单位、学校各执一份，复印无效。

毕业生情况及意见	姓名		性别		年龄		民族	
	政治面貌		培养方式	非定向	健康情况			
	专　业		学制		学历			
	家庭地址							
	应聘意见： 毕业生签名：　　年　月　日							
用人单位情况及意见	单位名称		单位隶属					
	联系人		联系电话		邮政编码			
	通讯地址		所有制性质	全民、集体、合资、其它				
	单位性质	党政机关、科研事业单位、学校、商贸公司、厂矿企业、部队、其它						
	档案转寄详细地址							
	用人单位意见： 签章 年　月　日				用人单位上级主管部门意见： （有用人自主权的单位此栏可略） 签章 年　月　日			
学校意见	学校联系人		联系电话		邮政编码			
	学校通讯地址							
	院（系、所）意见： 签章 年　月　日				学校毕业生就业部门意见： 签章 年　月　日			

图 5-1　就业协议书模板

第二节　就业协议中的权利义务

就业协议中关于三方权利义务的规定包括必备条款和约定条款。就必备条款来说，该条款会对三方主体应当遵循的原则加以规定，也就是三方主体实施的行为必须合法，不允许违反法律的规定，必须做到诚实守信、公平、公开。在此基础上，详细规定各方主体在就业协议生效期间应当承担的义务。

一、就毕业生来说

就业协议中明确规定了毕业生的义务和责任，毕业生在自主就业和自主择业的时候，必须严格按照法律规定和相关政策要求履行如实告知义务，明确自身的就业意愿，在就业协议规定的期限内完成报到。毕业生在填写上述内容时必须保证信息的真实性。

二、就用人单位来说

就业协议第二条明确规定了用人单位需要承担的义务与责任，用人单位应当履行如实告知义务，将单位的真实情况告知毕业生。另外，用人单位必须从各个方面为毕业生提供工作环境和工作条件。只要毕业生达到了毕业要求，用人单位就不允许以学习成绩不符合要求为理由拒绝录用毕业生。用人单位在填写上述内容时不得超出用人单位情况部分，必须保证填写信息的真实性。

三、就学校来说

就业协议第三条明确规定了学校应当配合与完成的工作。学校需要履行如实告知义务，将该毕业生的真实情况告知用人单位，严格按照法律规定完成就业推荐，并将已经签订就业协议的毕业生信息上报给教育部或就业主管部门负责人员，完成毕业生的派遣。该条款规定的内容较为笼统，就就业协议签订的具体步骤来看，用人单位需要按照学校官网的内容完成操作，在此基础上邀请毕业生填写信息并签署就业协议，将双方签字的就业协议提交给学校审查核实。之后，学校就保质保量地完成了就业推荐。

综上所述，就业协议必备条款在规定各方主体的权利义务关系时并不明确，且偏向于规定用人单位与毕业生应履行的义务，双方在签订时可通过协商约定的形式明确具体的权利义务关系。约定条款的签订是重中之重，直接关乎毕业生日后的就业权益是否能够得到保障，关乎劳动合同是否能够在现实中得以履行。

第三节　就业协议的违约

毕业生在签订就业协议后，如果确实需要违约，则必须与原用人单位协商解除就业协议，并凭借证明返回学校办理手续，妥善处理由于违约带来的纠纷。本节着重介绍就业协议中常见的违约情形。

一、就业协议法律责任

从不同角度，可以把契约分为多种类型。按照契约签订的目的以及契约签订主体在义务上是否具有相互性，可以把契约划分成预约契约与本约契约两种。预约契约是指在一段时间之后签订的合同，本约契约是指为实现某个目标或预约签订的合同。从这个角度来看，就业协议本质上属于预约契约，劳动合同本质上属于本约契约。

就业协议明确规定，毕业生必须在规定的场所、时间到用人单位报到并签订合同，否则毕业生就需要承担违约责任。对此，假如毕业生无故未按照就业协议规定的地点和时间报到，没有与企业签订劳动合同，则认为毕业生违反就业协议的内容，需要承担违约责任。若就业协议中各方主体制定的约定条款不存在强制力，但与劳动合同中规定的必备条款在内容上相同，则这时毕业生未按照或未完全按照就业协议的内容承担责任就属于违约，应当承担违约责任。若就业协议中各方主体制定的约定条款不存在强制力，且在制定就业协议时也并未按照劳动合同的必备条款进行，这时若因大学生并没有按照就业协议的内容到用人单位报到或者没有履行磋商义务而导致双方劳动关系无法成立，则认为毕业生的行为属于违约行为，毕业生需要承担违约责任。

就制定违约金的相关条款来说，我国法律明确规定当事人能够约定，一方主体在未按照或未完全按照合同规定的内容行事的时候，需要向另一方主体支付违约金。假如毕业生与用人单位在就业协议里就违约金条款协商一致且其符合法律规定，则毕业生或用人单位在违约之后必须向另一方交付违约金。

二、就业协议约定的违约情形

现阶段，用人单位在与毕业生签订三方协议时，大多会在备注栏里将更多的权益划分给自己，让毕业生承担较多的义务，或者和毕业生另行签订培训条款等，如服务期违约金条款、协议期违约金条款等。

（一）就业协议中常见的违约情形

1.协议期违约金条款

该条款制定的最大价值体现在能够通过赔偿违约金的形式保证毕业生长期为用人单位服务，减少用人单位的人力资源招聘成本。然而在实践中，各方并未就违约金条款的法律效力以及是否公平达成共识。违约金是指当事人依法或依约定，在实施违约行为之后向另一方主体缴纳的货币，是主体因自身实施的违约行为承担的法律上的不利后果，彰显了意思自治。协议期限违约金是指主体并未按照协议规定的期限履行义务而支付给对方的货币。

2.服务期违约条款

用人单位为了压榨毕业生，并长期留住毕业生使其为公司的发展服务，会在制定就业协议时以约定的形式规定违约条款。在实践中其具体表现为下列两种情形：一是用人单位从应届毕业生需要接受岗前培训方面以约定的形式确定服务期；二是双方以约定的形式确定毕业生若在服务期没有届满的情况下自行辞职，则需要缴纳赔偿费用以及违约金。

（二）就业协议中约定不合理违约条款的危害性

1.违反意思自治原则

一些用人单位在制定就业协议的时候，会增加明显超出毕业生应承担义务的条款，这使得毕业生的就业权益难以得到保障，这种情况严重违反了意思自治原则。

随着高校的扩招以及就业下行压力越来越大，毕业生就业形势日益严峻，毕业生在就业和择业方面处于劣势地位，毕业生在自主择业与自主就业时的议价能力过低，为了迅速就业，毕业生往往会默默忍受不公平待遇，其享有的意思自治也只是相对的意思自治。

2.违反公平原则

在实践活动中，若双方签订的就业协议本不公平。用人单位在制定违约条款时会更侧重于毕业生，并不考虑毕业生的违约行为是否会加重用人单位的经济负担，用人单位违约的情形在数量上也与毕业生的违约情形不对等，用人单位能够随意通过各项理由解约。这种就业协议极大地侵害了毕业生的就业权益和合法权益，与公平原则相悖。

3.难以实现择业自主权

用人单位在与毕业生签订就业协议时为了保障自身的利益不受影响，往往会不断扩大毕业生本应承担的合法的违约责任范围，加重毕业生承担的就业压力，这种现象在本质上阻碍和限制了择业自主权就业权益的实现。相较于用人单位来说，就业协议对毕业生的权利与义务的限制更为严苛。

第四节　就业协议法律风险及其防范

在签订就业协议时，双方应当明确合作的条件和权责，以确保双方的合法权益。然而，在就业协议中可能存在一些法律风险，需要双方注意并采取防范措施。本节将从就业协议法律风险、防范措施等方面进行阐述，以提升大学生对就业协议法律风险的认识和防范能力。

一、就业协议法律风险

考虑到就业协议的条款在实践中的可行性和可操作性较低，相关内容也较为模糊，再加上备注栏的设置和用人单位谋求更高经济收益的目的，导致大学生在与用人单位签订就业协议时必然会承担风险，主要表现为以下几点。

一是不合法条款。就业协议中的某些条款可能与劳动法律法规相悖，如违反最低工资、工时或休假规定等。

二是不明确的约定。就业协议中某些约定可能模棱两可，这会导致双方在权益保护、责任分担等方面存在争议。

三是信息不完整或不准确。某些与就业有关的信息，如工作条件、工资待遇等，可能在协议中被隐瞒或被不正确地列明，导致后续纠纷的发生。

二、就业协议法律风险防范

为了防范和减少就业协议中的法律风险，双方可以采取以下防范措施。

（一）修订就业协议

双方在签订就业协议时也会制定一些条款，在双方按照法定程序签字之后，就业协议便开始生效，立法机关应当针对就业协议的法律效力问题进行立法。就现在的就业机制情况来看，就业协议必须存在，但是需要修订与完善。为此可从下列两个角度对就业协议展开修订，一是确定签订就业协议的主体范围，按照主体真实的意思表示在协商一致的情况下明确就业协议的各项内容，学校发挥督促与见证作用;二是在制定就业协议时应当参考劳动合同的相关内容,避免两者出现冲突。就业协议的条款必须细化,可以在实践中操作和应用,尤其是毕业生应当承担的各项义务,在制定该方面内容时应当严格遵循我国其他相关的法律规定。

（二）学校必须提高对就业协议的审核力度

当前的就业机制并未实现完全的市场化,学校为了保障学生的就业权益不受用人单位的非法侵害,应适当提高对就业协议效率以及合法性的审查力度,及时指出会对学生合法权益造成损害的条款,便于学生自主衡量。另外,学校也要针对大学生群体开展诚信教育与法制宣传,使其摆脱在自主就业和自主择业中的劣势地位。

（三）设立专业的就业协议裁决机构

对此,学校、人社监察部门、教育主管部门、企业代表可以合作形成四方机制,另外各方主体出具代表和专业人员共同构成就业协议裁决机构,帮助大学生有效规避就业协议中的法律风险,保障大学生的就业权益得以实现。此处建议设立的就业协议裁决机构具有过渡性,这一性质源自大学生本身属于一类特殊的劳动者,日后随着完全市场化的实现,必然会将其归入法定的裁决机制。

第六章　大学生就业中的社会保险及法律问题

就业是每个大学生都要面临的重要课题，社会保险是就业过程中关键的保障措施。社会保险包括工伤保险、基本医疗保险、基本养老保险、生育保险、失业保险等多个方面，旨在为劳动者提供基本的生活和福利保障。其中，工伤保险是为劳动者在工作中受到伤害或面临疾病时提供的医疗救助和经济赔偿等权益保障。对于大学生而言，了解、参与社会保险制度，对于保护自身权益、维护职业健康和实现可持续发展具有重要意义。

本章将探讨在大学生就业中社会保险的相关问题。深入研究大学生就业中的社会保险问题，有助于为政府、教育机构和用人单位提供参考，推动建立更加完善和可持续的社会保险制度，确保大学生在就业过程中享有完善的社会福利和合法权益，同时也提醒大学生加强对社会保险的了解和参与，增强自身保险意识和权益保护能力，为个人的职业发展和社会的进步做出积极贡献。

第一节　社会保险制度概述

社会保险是国家为保障公民的基本生活和社会福利而设立的一种社会保障制度。在大学生就业过程中，社会保险制度起到了重要的作用，能够保障大学生在就业中享有相应的社会保险权益。本节将介绍社会保险制度以及人学生在就业中应注意的相关问题。

一、社会保险制度概念

国家通过建立基本养老保险、基本医疗保险、工伤保险、失业保险、生育保险等社会保险制度，保障公民在年老、疾病、工伤、失业、生育等情况下依法获得国家和社会帮助的权利。其根本目的在于保障员工的医疗需求以及生活需要得到基本的满足。我国有关法律规范要求，劳动者进入用人单位工作意味着劳动者和用人单位构建了劳动关系，劳动合同的期限涵盖了试用期，用人单位需要在正式用工的30日之内为职工办理社会保险并缴纳相应的保险费用。用人单位如果在试用期没有按照有关的法律法规为员工缴纳社保，将承担相应的法律责任。

(一)基本养老保险

养老保险是对劳动者退休之后的生活所给予的一种保障，是社会保险的重要构成之一。劳动者必须在退休之前按照一定的比例缴纳养老保险费，当累积一定的缴费年限后，劳动者便可以享受退休金。退休金按照一定的比例和标准发放，用于保障退休劳动者的基本生活需求。

(二)基本医疗保险

医疗保险是劳动者获得医疗保障的一种社会保险制度。在医疗保险制度下，劳动者按照一定的比例缴纳医疗保险费，当劳动者需要医疗服务时，医疗保险会给予一定的医疗费用报销或补偿，帮助劳动者减轻医疗费用负担，保障其健康需求。

(三)失业保险

失业保险是劳动者在失去工作后保障生活的一种社会保险制度。职工应当参加失业保险，由用人单位和职工按照国家规定共同缴纳失业保险费。当劳动者失去工作后，可以领取一定期限内的失业补助金，度过失业期，稳定生活，并积极寻找新的就业机会。《中华人民共和国社会保险法》第四十六条规定，失业人员失业前用人单位和本人累计缴费满一年不足五年的，领取失业保险金的期限最长为十二个月；累计缴费满五年不足十年的，领取失业保险金的期限最长为十八个月；累计缴费十年以上的，领取失业保险金的期限最长为二十四个月。重新就业后，再次失业的，缴费时间重新计算，领取失业保险金的期限与前次失业应当领取而尚未领取的失业保险金的期限合并计算，最长不超过二十四个月。

(四)工伤保险

工伤保险是当劳动者在工作期间遭受职业病侵害或出现工伤等情况时所给予的一种保障。职工应当参加工伤保险，由用人单位缴纳工伤保险费，职工不缴纳工伤保险费。当劳动者在工作中发生工伤或职业病时，可以享受医疗费用报销、伤残赔偿和职业病待遇等保障，以帮助其得到及时的医疗救助和合理的赔偿。

（五）生育保险

职工应当参加生育保险，由用人单位按照国家规定缴纳生育保险费，职工不缴纳生育保险费。生育保险待遇包括生育医疗费用和生育津贴。

二、大学生在就业中应注意的社会保险问题

第一，及时参加社会保险。大学生在就业时应及时参加社会保险，按照规定缴纳相应的保险费用。具体的参保流程和缴费标准可以咨询当地人力资源和社会保障局或用人单位的人力资源部门，并遵守相关规定。

第二，积极了解保险权益。大学生参加社会保险后，应及时了解自己的保险权益和相应的待遇。了解保险报销、申领流程和标准，保障自己在退休、医疗、失业和工伤等方面的基本权益。

第三，转移接续社会保险关系。如果在就业过程中更换用人单位或地区，大学生应向当地社保部门办理社会保险转移和接续手续，确保社会保险权益的连续性和顺利性。

第四，关注社会保险政策变化。社会保险制度随着时代和法律的变化而调整、修订，大学生应关注国家和地方相关政策的动态变化，并及时调整自己的参保方式和权益认知。

第五，自查与维权。大学生应在参保过程中定期核对社保费用缴纳情况和个人参保记录，如发现问题或有异议，可以通过就业单位、社保部门、劳动监察部门等渠道进行咨询和维权。

第六，了解相关政策。大学生可以通过查询政府官方网站、社保部门官方网站、劳动法律法规等途径了解社会保险制度的相关政策和规定，加强对参保权益的了解和保护。

社会保险制度对于大学生就业具有重要意义。大学生应及时参加社会保险，了解自己的保险权益和相关的待遇。同时，大学生也应关注社会保险制度的变化和相关政策的动态调整，并遵守社会保险制度的相关规定。通过合理参保和认真遵守规定，大学生可以享受到社会保险制度所提供的合法权益，为自己的就业、生活提供安全保障。

第二节 工伤保险与工伤认定的相关法律规定

工伤保险与工伤认定是社会保险制度中的重要组成部分，为劳动者提供工伤保障和相关权益保障。本节将介绍与工伤保险及工伤认定相关的法律规定，以确保劳动者的工伤权益得到保障。

一、工伤保险相关规定

根据《中华人民共和国社会保险法》和《工伤保险条例》，职工因工作原因受到事故伤害或者患职业病，且经工伤认定的，享受工伤保险待遇；其中，经劳动能力鉴定丧失劳动能力的，享受伤残待遇。工伤认定和劳动能力鉴定应当简捷、方便。用人单位应当依法为本单位职工缴纳工伤保险费用。

《工伤保险条例》围绕工伤认定的流程、程序以及相应的要求进行了具体规定，明确了工伤认定的职责和责任，详细说明了工伤认定的流程和标准。

二、工伤认定法律适用

（一）职工在工作时间和工作场所内，可认定为工伤的情形

（1）在工作时间和工作场所内，因工作原因受到事故伤害的。

（2）工作时间前后在工作场所内，从事与工作有关的预备性或者收尾性工作受到事故伤害的。

（3）在工作时间和工作场所内，因履行工作职责受到暴力等意外伤害的。

（4）患职业病的。

（5）因工外出期间，由于工作原因受到伤害或者发生事故下落不明的。

（6）在上下班途中，受到非本人主要责任的交通事故或者城市轨道交通、客运轮渡、火车事故伤害的。

（7）法律、行政法规规定应当认定为工伤的其他情形。

（二）职工在工作中，视同为工伤的情形

（1）在工作时间和工作岗位，突发疾病死亡或者在48小时之内经抢救无效死亡的。

（2）在抢险救灾等维护国家利益、公共利益活动中受到伤害的。

（3）职工原在军队服役，因战、因公负伤致残，已取得革命伤残军人证，到用人单位后旧伤复发的。

职工有前款第(1)项、第(2)项情形的，按照《工伤保险条例》的有关规定享受工伤保险待遇；职工有前款第(3)项情形的，按照《工伤保险条例》的有关规定享受除一次性伤残补助金以外的工伤保险待遇。

(三)职工不得认定为工伤或者视同工伤的情形

(1)故意犯罪的。

(2)醉酒或者吸毒的。

(3)自残或者自杀的。

劳动保险与工伤认定的相关法律规定在不断发展和更新。加强工伤防范，拓宽工伤认定范围，强化公正与独立的工伤认定程序，调整工伤待遇标准以及创新工伤赔偿机制，是当前工伤保险与工伤认定领域的前沿研究和政策探索的方向。这些前沿发展有助于进一步保障劳动者的权益，提高社会保障制度的公平性和可持续性。

第七章　劳动争议解决与维权

大学生就业是一个重要的历程，然而，在就业过程中，劳动争议不可避免地会出现。劳动争议可能涉及工资支付、工时安排、劳动条件、合同解除等问题，给劳动者带来困扰和权益损害。因此，了解劳动争议解决的方法与途径，积极维权，维护自己的合法权益，显得尤为重要。

本章将探讨大学生就业中劳动争议解决与维权的问题。深入研究大学生就业中劳动争议解决与维权的问题，有助于为政府、教育机构和用人单位提供参考，推动建立更加公正和高效的劳动争议解决机制，促进劳动关系稳定发展。同时，也提醒大学生增强法律意识和维权意识，以保护自身合法权益，并为个人的职业发展和社会的进步做出积极贡献。

第一节　劳动争议解决方式与路径解析

一、劳动争议的概念

劳动争议是指劳动关系当事人因解释、执行或变更劳动合同、劳动条件、劳动保护和劳动报酬等方面的问题产生分歧，无法自行解决而通过法律途径寻求解决的争议。劳动争议是劳动法律实践中常见的问题，涉及劳动者与用人单位之间的权益关系及合同履行等方面的纠纷。《中华人民共和国劳动法》规定的劳动争议指的是中国境内的企业和职工所出现的劳动争议：一是由于职工自动离职或辞职，以及企业辞退或开除职工等所出现的争议；二是由于实施国家所规定的劳动保护、福利、保险、工资等所出现的争议；三是由于劳动合同的践行所出现的争议；四是其他劳动争议。

(一)争议主体

争议的主体主要是指劳动关系的当事人,包含用人单位以及劳动者两个方面。劳动争议的当事人可以是个人也可以是组织,根据劳动关系的性质和纠纷的具体情况而有所不同。

(二)争议内容

劳动争议的内容包括劳动合同的解释、劳动条件的变更、劳动保护的实施、劳动报酬的支付等劳动关系中可能引发纠纷的方面。争议的内容可以直接涉及合同条款的解释和履行,也可以涉及法定权益的保障。

二、劳动争议的解决方式

出现劳动争议后,当事人可以向用人单位的劳动争议调解委员会申请调解;调解不成,当事人一方要求仲裁的,可向当地的劳动争议仲裁委员会提起仲裁申请。针对仲裁裁决不服的则可以向人民法院提起诉讼。

一旦超过了法定期限六十日怎么办?有关专家指出,当事人仍可向仲裁委员会申请仲裁,待仲裁委员会作出“驳回”的裁决后,再凭这个“驳回”向人民法院提起诉讼。

第二节　大学生就业维权的法律渠道与途径

参加工作的大学生就已经是劳动者了,发生劳动争议(如企业随意解除劳动合同及加班费、工伤事故、社保缴费等相关问题)的时候,大学生该怎么解决劳动争议呢?

一、大学生就业维权的法律渠道

《中华人民共和国劳动争议调解仲裁法》着重解决中华人民共和国境内的用人单位与劳动者之间发生的劳动争议。大学生若与用人单位发生劳动争议,可以与用人单位协商,也可以请工会或者第三方共同与用人单位协商,达成和解协议;如发生劳动争议,当事人不愿协商、协商不成或者达成和解协议后不履行的,可以向调解组织申请调解;不愿调解、调解不成或者达成调解协议后不履行的,可以向劳动争议仲裁委员会申请仲裁;对仲裁裁决不服的,除本法另有规定的外,劳动者可以自收到仲裁裁决书之日起十五日内向人民法院提起诉讼。

二、劳动争议维权的法定程序

依照现行法律规定，劳动者主要的法定维权路径与方式主要有劳动争议处理程序及劳动保障监察程序两种。其中，劳动争议处理程序主要指的是劳动者针对具体的劳动争议事项根据《中华人民共和国劳动争议调解仲裁法》《中华人民共和国民事诉讼法》等法律的规范与规定，向劳动人事争议仲裁委员会提出仲裁的申请，获得裁决结果；若对裁决的结果不认可或不满意，则劳动者可以向人民法院提起诉讼，人民法院会针对争议事项进行判决。劳动保障监察程序是劳动者就用人单位侵害自身合法权益的事项，基于《劳动保障监察条例》的相关规范要求，向劳动监察部门进行举报或投诉，由劳动保障监察机构依法对用人单位进行处罚，责令用人单位对违法行为进行纠正。

三、劳动者维权的注意事项及具体方法

（一）劳动者维权的注意事项

第一，注意监察和仲裁是单选或非此即彼的关系，即一个争议事项或案件只能选择监察或仲裁，而不能同时选择，如禁止使用童工问题，只能选择监察，它是监察特有的职能。

第二，注意监察和仲裁是部分重合或重叠关系，一些劳动争议能够被认为是监察情况，也能够被认为是仲裁情况，如工资支付、休息休假、经济补偿等。

第三，注意监察和仲裁是接续关系，即劳动争议必先进行劳动监察，然后才进入劳动仲裁和诉讼。

（二）劳动者维权的具体方法

1.保留证据

及时搜集并保留有关证据，包括与用人单位的书面或口头沟通记录、劳动合同、工资支付凭证、人事档案以及其他证明材料。

2.与用人单位或工会沟通

与用人单位进行沟通，要求其对侵权行为进行解释或更正，当劳动者认为自己势单力薄时，也可向用人单位的工会或当地工会申诉，及时促成三方协商交流。

3.向人力资源监管机构投诉

大学生可以向人力资源和社会保障部门、劳动监察部门等单位进行投诉，要求这些部门介入并参与处理侵权争议。

4.法律救济

如果无法通过协商或投诉解决问题，则大学生可以寻求法律救济。大学生可以咨询律师，获得法律意见和建议，或者向当地劳动仲裁机构提起仲裁或向法院提起诉讼。

四、劳动者维权的法律限制

劳动者在维护自身权益的过程中，具体可应用的法律方式较多，如行政复议与劳动争议仲裁、申请职业病鉴定或工伤认定等，这些方式存在时间的限制与要求，应当基于法定的时间要求提请申请。

第一，对于劳动争议仲裁而言，需要在自劳动争议发生日起一年之内提出申请，劳动争议发生日主要指的是当事人知道自身的权利受到了侵害，或者应当知道权利受侵害的情况之日。

第二，如果对于仲裁裁决的结果不认可或不满意，可以提起相应的申请，需要在获得仲裁裁决书之日起 15 日之内提出诉讼请求，由人民法院进行判决。

第三，提出行政复议申请的，必须在知道行政行为之日起的 60 日之内进行申请。

第四，如果不服行政复议的决定而提出行政诉讼，则需要在获得行政复议决定书当日之后的 15 日之内进行行政诉讼。

第五，直接向人民法院提起行政诉讼的，需要在知道具体行政行为之后的三个月之内进行行政诉讼。如果受到不可抗力等因素的影响，耽误了法定的期限，则需要在消除相应的障碍因素之后的 10 日之内提出延长期限的申请，人民法院可对该申请进行决议。

第六，对于工伤认定的申请，需要在出现事故伤害之日或者被鉴定为职业病之日起的 30 日内申请，由劳动保障行政部门进行受理。针对特殊的状况，可以在获得劳动保障行政部门同意之后提出延长的申请。如果用人单位没有提出工伤认定申请，则工伤职工或直系亲属可以在事故发生之日或被鉴定为职业病之日起的一年之内提出工伤认定的申请，由地区劳动保障行政部门受理。

五、提起劳动争议仲裁申请需提交的基础文件

申请劳动争议仲裁，应当提交的基础文件有以下几种。

(一)仲裁申请书

仲裁申请书应当载明下列事项:

(1)劳动者自身的信息,包括姓名、身份证号、居所、联系电话、通信地址等信息;用人单位的基础信息,如用人单位的名称、用人单位的通信地址、法定代表人的姓名、联系电话等。

(2)提出仲裁的申请以及相应的理由或事实等。

(3)具体的证据以及证据的来源,相关证人的居所以及姓名。

(二)提交相应的证据

(1)本人身份证及用人单位营业执照复印件或从企业信用信息公示系统打印的具有用人单位名称、住所地等基本信息的页面,以证明双方主体资格。

(2)劳动合同、工作证、上岗证、工资单等材料,以证明劳动关系的存在。

(3)证明双方发生劳动争议的其他相关资料。

六、对拒不履行生效的仲裁裁决和法院判决的单位,劳动者可申请法律救济

用人单位不履行仲裁裁决书的,劳动者可以基于《中华人民共和国劳动争议调解仲裁法》向人民法院提出执行的申请,人民法院在受理申请之后,必须按照法律法规的规定进行执行。用人单位不履行法院判决书的,劳动者可以基于《中华人民共和国民事诉讼法》向人民法院提出强制执行的申请。提出执行的申请所需的具体材料包括:

(1)申请执行书,需要对具体的事项与理由、执行标的、被执行人的财产信息等进行明确说明。如果在书写过程中确实存在难题与困难,那么劳动者可以进行口头申请,由人民法院的接待人员进行记录,同时签字或盖章。

(2)申请需要附有执行依据的法律文书以及该法律生效的证明。

(3)申请人的身份证明以及被申请人的企业信息等。

(4)申请执行人可以委托代理人代为申请执行。

针对委托代理的情况,劳动者必须提供授权委托书,相应的授权委托书需要有委托人的签字或盖章,同时需要对具体的委托事项以及代理人的具体权限进行明确说明、标注。

第二篇 大学生创业法律指导

【学习目标】

1.掌握与大学生创新创业密切相关的法律内容。

2.熟悉大学生创新创业常见法律风险的内容,并具备解决处理相应法律问题的能力。

3.了解与大学生创新创业领域相关的地方性法规和国家扶持就业创业的政策内容。

4.结合大学生创业法律法规及规章制度,学会在实践中对大学生创业中的法律风险进行法律适用。

国家高度关注和重视大学生的就业工作，积极引导大学生的就业选择与就业思想，推动大学生实现多途径与多方式就业，对大学生的创新创业给予大力扶持与鼓励，大学生创新创业群体数量得到了极大的提升。然而，由于缺少法律知识，大学生创业失败的现象也较为普遍，甚至一些创业大学生走上了违法犯罪的道路。大学生创新创业面临较多的困难与障碍，就社会行为法律属性来看，创新创业属于特殊的法律行为。大学生创新创业面临的工作与风险较多，主要有刑事风险、行政风险及民事风险，这些法律风险分散在不同环节中，如签订生产经营合同、保护知识产权、注册商标、建立公司等。大学生在创新创业方面有激情与热情，但自身能力存在局限，创业准备存在一定的欠缺，很可能会导致创新创业的失败。其中，创新创业失败更多的是由于大学生法律素质不足与法律风险规避意识薄弱等。

从高校层面来看，学校所开展的创新创业教育存在不足，没有针对法律风险展开专业教育，课程知识比较浅显。从影响因素来看，一是一些高等院校及其教师对创新创业教育的认识较为浅薄，主动性、积极性和能动性较差，关于创新创业政策的落实和教育的开展比较表面化和形式化。二是部分学校的法律教育师资力量较为薄弱，开展创新创业法律风险课程的教师的教学经验不足。很多大学教师接触的培训是校内就业指导课程的培训，内容的有效性较差。三是针对在校大学生所开展的创业指导内容比较简单，涵盖的课程为市场营销与经济管理的课程，具体的内容则涉及创业技能、创业精神、创新理念等，较少涉及法律风险的识别、规避、预防与应对等，法律教育类课程欠缺。四是专业化教育不够广泛，具体的授课内容以专业为出发点来进行划分，导致很多大学生的课堂学习内容以专业知识与特定知识为主，大学生应对风险以及解决问题的能力不足。

从大学生自身来看，很多大学生并没有达到创新创业的综合素质能力标准和要求，如团队管理、法律基础、财务管理等方面知识欠缺，创新创业的定位以及职业规划较为模糊，法律素养不足，这些情况极有可能导致大学生面临较大的法律风险，甚至将承担一定的法律后果。

第八章　大学生创新创业相关法律法规概述

创新创业是激发社会创造力和推动经济发展的重要力量，也是大学生实现自身价值和贡献社会的重要途径。为了规范和促进大学生创新创业，政府和立法机关制定了一系列相关的法律法规。这些法律法规旨在为大学生提供创业环境、明确创业权益、规范创业行为、提供创业支持等。

本章将介绍创新创业相关法律法规的内容及重要作用。这些法律法规涵盖了多个方面，如创新创业支持政策、知识产权保护、投资和融资、劳动关系、税收等。通过概述和分析这些法规的内容，大学生可以更好地理解法律法规对创新创业的规范和支持，从而有助于合法、安全、有序地进行创新创业活动。

第一节　宪法中的相关内容

《中华人民共和国宪法》(以下简称“宪法”)属于根本性法律，对中国的国家制度、公民权利以及义务等进行了根本性的规定和要求。宪法的法律效力属于最高层次，任何法律法规应当以宪法为出发点，不可与宪法产生冲突或矛盾。目前，我国所执行的宪法是1982年宪法，该宪法先后经历了五次修订。其中规范的内容涉及国家和社会生活的各个方面，作为社会自然人的大学生，在创新创业过程中，应当熟悉宪法当中的各项内容。“公民的基本权利与义务”这部分内容与大学生创新创业密切相关。

一、平等权

根据宪法关于平等权的规定与规范可知，中华人民共和国公民在法律面前一律平等。“一律平等”作为社会主义法治的原则，同样属于公民的基本权利。

一律平等所涉及的具体内容为：一是任何公民对权利的享有以及义务的履行不会受到宗教信仰、职业、性别、民族、受教育程度等因素的影响而出现差异，所有公民都是平等的；二是对于公民平等权利的保障、义务履行的规范与要求等，国家机关是平等的；三是法律的事由对于任何公民都是一律平等的，不会出现超越法律的特权的情况。

二、监督权

公民拥有监督权，可对国家机关和工作人员进行监督，可以行使自身的检举权、控告权与批评权等。就大学生创新创业而言，如果司法机关或行政机关出现违法裁判、决定或错误裁判、决定而导致创业者的合法权益无法获得保障与保护，则创业者能够提起申诉，以保障自身权利。

三、社会经济权利

社会经济权利是大学生创新创业最重要的宪法性权利，主要包括劳动权、休息权等。

劳动权保护的是提供劳动的公民能够获取报酬的权利，以及拥有劳动能力的公民能够参与工作的权利。休息权主要指的是出于身心健康以及劳动效率优化而进行休息的权利。退休人员生活保障权指的是退休之后的社会保障以及国家保障情况。获得物质帮助权主要指的是出现劳动能力丧失或者年老疾病等情况时可以从社会以及国家获取物质帮助的权利。因此，大学生创新创业行为作为国家大学生就业途径的重要组成部分，是劳动权在创新创业中的集中体现。

此外，宪法第五十二条至第五十六条分别对公民的义务进行了规范和要求，如遵守国家的法律法规与社会秩序、保守国家秘密、爱护公共财产、维护祖国的安全荣誉以及利益、服兵役、依法纳税等。大学生在创新创业的过程中，应当依法履行纳税的义务。

第二节　民事法律中的相关内容

大学生创新创业是推动经济社会发展的重要力量，为了保护和促进大学生的创新创业活动，民事法律中涉及创新创业的相关法律法规十分重要。以下是关于大学生创新创业常用的民事法律法规的相关内容。

一、《中华人民共和国民法典》中的相关内容

作为市场经济和市场行为的主体，大学生在从事创新创业的过程中，一定会同其他社会经营主体发生各种交易或为其提供服务技术等，这些行为的开展都与《中华人民共和国民法典》(以下简称《民法典》)密切相关。《民法典》对常见的买卖合同、租赁合同、借款合同等 15 种具体的合同类型的订立、履行、变更、转让、违约、侵权等进行了详细的阐释。大学生在创新创业过程中根据创业行为对照合同缔结规则可以规避经营行为法律风险。

二、《中华人民共和国合伙企业法》中的相关内容

由于大学生创新创业群体普遍缺少创业启动资金和社会经验，因此合伙企业这种企业组织形态成为大学生创新创业的常见组织形式。1997 年 8 月《中华人民共和国合伙企业法》(以下简称《合伙企业法》)正式施行，新修订的《合伙企业法》的施行时间是 2007 年 6 月 1 日。

(一)合伙企业的类型

《合伙企业法》对企业的法律形态进行了规范，我国境内的合伙企业包括普通合伙企业及有限合伙企业。其中，普通合伙企业是由普通合伙人建立的，合伙人对合伙企业债务承担无限连带责任；有限合伙企业是有限合伙人与普通合伙人合作建立的，其中有限合伙人以其认缴的出资额对合伙企业债务承担有限责任，普通合伙人对合伙企业债务承担无限连带责任。与个人独资企业、有限责任公司等企业法律形态对比，合伙企业的投资主体在两人及两人以上，需要签订合伙协议，合伙企业的所得需要由合伙人分别缴纳所得税。《合伙企业法》规定，合伙企业的生产经营所得和其他所得由合伙人分别缴纳所得税。强调缴纳税收的主体是合伙人，而不是合伙企业自身。

(二)合伙企业设立的条件

《合伙企业法》对于合伙企业的设立条件进行了规范和要求：第一，合伙人为两个或两个以上。第二，签订书面的合伙协议，且该合伙协议需要征得所有合伙人的同意与认可，对合伙企业和合伙人自身均能产生约束力。合伙协议属于法律性文件，相当于公司的章程或者合伙企业的章程。所有合伙人在签名盖章之后，合伙协议开始产生法律效力，基于合伙协议的内容各合伙人可行使权利并履行义务。第三，有合伙人认缴或实际缴付的出资。普通合伙人出资的方式包括劳务、土地使用权、知识产权、货币等；有限合伙人需要足额缴纳出资，如

果没有实现足额缴纳，那么需要补缴，同时其他合伙人承担违约责任。第四，有合伙企业的名称和生产经营场所。第五，法律、行政法规规定的其他条件。

（三）合伙企业在财产管理和处分上的规定

根据《合伙企业法》第二十条，合伙人的出资、以合伙企业名义取得的收益和依法取得的其他财产均为合伙企业的财产。因此，合伙企业的财产来自合伙人的出资、合伙企业所获得的收益以及其他财产。合伙企业的财产具有共有的性质，全体合伙人可对合伙企业的财产实现共同使用以及共同管理；合伙企业存续期间合伙人不可提出分割财产的要求。

（四）合伙企业的决策、事务执行的方式

根据《合伙企业法》第三十一条，除合伙协议另有约定外，合伙企业的下列事项应当经全体合伙人一致同意，包括：改变合伙企业的名称；改变合伙企业的经营范围、主要经营场所的地点；处分合伙企业的不动产；转让或者处分合伙企业的知识产权和其他财产权利；以合伙企业的名义为他人提供担保；聘任合伙人以外的人担任合伙企业的经营管理人员。

（五）合伙企业的债务清偿

合伙企业作为一种共同经营形式，由两个或两个以上的自然人或法人共同投资组建而成。在经营过程中，合伙企业可能面临各种债务风险，因此合伙企业的债务清偿是一个重要的问题。合伙企业所担负的债务是通过自身的所有财产来完成清偿的，如果合伙企业不能清偿到期债务，那么普通合伙人承担无限连带责任。如果合伙人自身清偿的债务高于协议规定或法定承担比例，则合伙人可以向其他承担连带责任的合伙人追偿。

1.合伙企业的债务责任

(1)无限责任。在普通合伙制度下，合伙人对合伙企业的债务承担无限责任，即每个合伙人对合伙企业的债务负有连带责任，在一方合伙人由于个人原因无法履行义务时，其他合伙人要承担其份额的债务责任。

(2)限制责任。在有限合伙制度下，合伙企业由一名或多名有限合伙人和至少一名无限合伙人共同组成。有限合伙人仅对其认缴的出资额负责，而无限合伙人则对合伙企业的债务承担无限责任。

2.债权人的债权保障

(1)知情权。债权人有权了解合伙企业的财务状况和债务情况，了解其资产状况和经营状况。债权人可以通过与合伙企业签订债权协议、访问企业财务记录等方式实现其知情权。

(2)追溯权。债权人可以依法追究债务清偿,包括追究合伙人的有限责任或无限责任。债权人可以依据法律程序,要求合伙人履行其债务责任。

(3)竞争权。债权人在合伙企业破产或清偿时享有按照优先顺序分取剩余资产的权利。债权人的债权享有较高的优先级,以确保其债权得到优先保障。

3.债务清偿的方式

(1)合伙企业的资产清偿。合伙企业的债务清偿通常通过变卖其资产来进行。合伙企业的债务清偿优先用于清偿员工工资以及支付债权人和业务合作伙伴的债权。

(2)合伙人个人财产清偿。合伙人在无限责任制下,也可以通过合伙人的个人财产进行债务清偿。债权人有权向合伙人请求以其个人财产来清偿对合伙企业的债务。

4.合伙协议的重要性

在合伙企业中,合伙人之间应订立合伙协议,明确债务清偿的具体规则,包括债务分担的比例、债务清偿的顺序等。合伙协议作为合伙人之间的约定依据,对债务清偿起着重要的指导作用。

合伙企业的债务清偿是一个复杂而重要的问题,涉及债权人的权益保障和合伙人的个人财产责任。在合伙企业的经营中,合伙人应当遵守相关法律法规,充分了解和履行其债务责任,并制定合适的合伙协议,明确债务清偿的规定。债权人应积极行使自身的权利,采取适当的方式保障其债务权益。

(六)合伙企业的入伙和退伙条件、程序及效力

合伙企业的入伙和退伙是指新的合伙人加入合伙企业或原有的合伙人退出合伙企业的过程。入伙和退伙的条件、程序及效力是合伙企业运作中的重要事项。

1.入伙的条件、程序及效力

(1)入伙条件。一是合伙协议约定。合伙协议是合伙企业的基本文件,应明确入伙的条件和程序。合伙协议中通常会约定新合伙人的资格条件、出资额、分配权益等。新合伙人必须满足合伙协议约定的条件才能入伙。二是合伙人一致同意。合伙人应就新合伙人的入伙达成一致意见。一般情况下,除非合伙协议另有规定,否则合伙人需要通过表决或书面同意的方式决定是否接受新合伙人。

(2)入伙程序。一是提出入伙申请。新合伙人向现有合伙人提出入伙申请,并提交相关资料,如个人背景、业务经验、出资计划等。二是签署入伙协议。

新合伙人与现有合伙人共同签署入伙协议。入伙协议应明确新合伙人的权益、义务和分配比例等。三是更新合伙企业登记。合伙企业应向相关机关办理入伙登记的手续，更新合伙企业登记证照上的合伙人信息。

(3)入伙效力。一是合同约束力。入伙协议是合伙人之间的约定，受到合同法律的约束力。合伙协议的规定对各方具有法律约束力，新合伙人入伙后应按照协议履行各项义务。二是外部约束效力。新合伙人入伙后，对第三方具有约束力。合伙企业的第三方债权人可以依据合伙协议向新合伙人追索债务。

2.退伙的条件、程序及效力

(1)退伙条件。一是合伙协议约定。合伙协议中通常约定了退伙的条件和程序。合伙人如果想要退伙，必须符合合伙协议中规定的条件，如提前通知期限、合伙期满等。二是合伙人一致同意。合伙人应就退伙事宜达成一致意见。除非合伙协议另有规定，否则合伙人需要通过表决或书面同意的方式决定是否接受合伙人退伙。

(2)退伙程序。一是提出退伙申请。合伙人向其他合伙人提出退伙申请，并提交相关书面通知，明确退伙的时间和退伙事由。二是签署退出协议。提出退伙申请的合伙人与其他合伙人共同签署退出协议。退出协议应明确有关退伙事项、权益分配、财务结算等。三是更新合伙企业登记。合伙企业应向相关机关办理退出登记的手续，更新合伙企业登记证照上的合伙人信息。

(3)退伙效力。一是合同约束力。退出协议是合伙人之间的约定，受到合同法律的约束力。退伙协议的规定对各方具有法律约束力，退伙的合伙人应依约履行各项义务。二是外部效力。合伙人退伙后，对第三方具有解除合伙企业关系的效力。合伙企业的第三方债权人不再对退伙的合伙人承担债务责任。

综上，合伙企业的入伙和退伙涉及条件、程序和效力的问题。入伙需要满足合伙协议约定的条件，入伙协议经过合伙人一致同意并签署后生效。根据《中华人民共和国合伙企业法》的规定，新入伙的合伙人需要获取全体合伙人的同意和认可，同时基于法律法规的规定签订书面的入伙协议才可实现入伙。对于入伙协议的签订，原有的合伙人必须与新合伙人进行沟通，包括真实的财务情况以及经营情况等内容。原有的合伙人与新加入的合伙人在权利的享有以及责任的承担方面是同等的。新入伙的普通合伙人对入伙前合伙企业的债务承担无限连带责任，新入伙的有限合伙人对入伙前有限合伙企业的债务以其认缴的出资额为限承担责任。退伙也需符合合伙协议约定的条件，退出协议经过合伙人一致同意并签署后生效。依照《中华人民共和国合伙企业法》，退伙包括自愿退伙和法定退伙两种情形。合伙人退伙，基于合伙企业的具体财产的情况完成结算，及时退还退伙人的财产份额，如果退伙人的退出选择会对合伙企业产生损失或不良影响，退伙人由此而需担负赔偿责任的，退伙人必须予以赔偿；针对没有完成的合伙企业的事务，必须在退伙人完成合伙企业事务之后再展开结算工作。财产份额的退还需要所有的合伙人进行协商和决定，或者基于合伙协议来进行。就退还的形式而言，或者是实物退还，或者是货币类型退还。退伙之前的合伙企业的债务，普通合伙人承担无限连带的责任；有限合伙人基于从合伙企业中取回的财产承担有限责任。相关协议对合伙人和第三方债权人具有法律约束力。合伙人在入伙和退伙过程中应遵循相关法律法规及合伙协议，确保相关手续合法合规，维护各方合法权益，促进合伙企业的有序运作。

三、《中华人民共和国劳动法》与《中华人民共和国劳动合同法》中关于大学生创新创业的内容

（一）劳动合同的订立

《中华人民共和国劳动法》和《中华人民共和国劳动合同法》明确规定，劳动合同应当以书面形式订立，书面形式主要指的是借助书面的文字对具体协商和沟通的内容进行记录和规范。用书面形式订立的劳动合同严肃准确可靠，有据可查，发生争议时便于查清事实，分清是非，有利于保护当事人的合法权益。

（二）劳动合同的必备条款和可备条款

《中华人民共和国劳动法》对于劳动合同的签订进行了规范和要求，指出劳动合同需要通过书面的形式进行签订，同时需要包括劳动报酬、劳动保护和劳动条件、劳动合同期限、违法劳动合同的责任等有关条款与内容。《中华人民共和国劳动合同法》一方面对劳动合同终止条件与劳动纪律等内容进行了去除，另一方面新引入了职业病危害防护、工作时间等内容。

（三）经济补偿

《中华人民共和国劳动合同法》对于用人单位向劳动者支付的经济补偿等进行了规范和要求。如果用人单位出现了违法违约行为，劳动者可以提出解除劳动合同的要求，同时可以从用人单位获得经济补偿。用人单位可能出现的违约违法行为相对较多，如用人单位没有根据法律法规的要求为劳动者办理社会保险及缴纳相应费用，用人单位没有支付劳动报酬，用人单位没有基于劳动合同的规定和要求满足劳动条件与劳动保护等。

四、《中华人民共和国公司法》中关于大学生创新创业的内容

《中华人民共和国公司法》中的认缴登记制大大降低了刚出校门没有任何创业启动资金的大学毕业生的创业门槛，不再设置注册资本的下限要求，对于登记的事项以及登记的文件进行了进一步的简化处理，对于企业的建立没有规定较高的标准与要求，为大学生的创业提供了优惠政策的支持与扶持。在大学生创业组织的设立方面，其所提供的创业组织的形式较为多样化。《中华人民共和国公司法》中有限责任公司的股东基于出资额来承担责任，股份有限公司的股东基于认购股份承担责任。

五、《中华人民共和国网络安全法》中关于大学生创新创业的内容

随着“互联网＋”的蓬勃兴起和发展，大学生创新创业实践离不开良好的网络空间。因此，掌握并运用好《中华人民共和国网络安全法》能够让大学生在创新创业实践中排除后顾之忧，科学用网。

《中华人民共和国网络安全法》是针对网络安全而制定的法律，其根本目的在于保障公民与国家等的合法权益，推动经济社会信息化实现健康与可持续发展。该法正式实施的时间是 2017 年 6 月 1 日。《中华人民共和国网络安全法》第三章和第四章分别对网络运行安全和网络信息安全进行了明确的要求，尤其是关键信息基础设施方面。该法对关键信息基础设施进行了界定，根据相关内容可知，关键信息基础设施主要指的是一旦出现数据泄露或功能损失等情况会直接影响公共利益与国家安全等方面的系统和设施。关键信息基础设施的安全在网络安全中十分重要，关乎社会公众的利益以及国家的安全。《中华人民共和国网络安全法》明确要求要构建网络安全等级保护制度，并基于此围绕关键信息基础设施开展重点保护工作，同时明确了重要数据强制本地存储等法律性的强制要求与强制措施。

六、其他相关法律

在大学生创新创业实践中，除了以上常用的法律法规以外，《中华人民共和国消费者权益保护法》《中华人民共和国高等教育法》《中华人民共和国职业教育法》等多部法律对大学生的就业以及创新创业进行了较多的法律规范与法律要求。例如，《中华人民共和国高等教育法》对高等院校的就业指导以及就业服务进行了规范和要求，强调高等院校必须开展就业指导以及就业服务，确保满

足结业生与毕业生的需求;《中华人民共和国中小企业促进法》强调高等学校毕业生在创办小型、微型企业方面能够获得收费减免与税收优惠的待遇。

第三节　行政法规及其他部门规章中的相关内容

在创新创业过程中,大学生应了解并遵守相关法律法规,根据具体情况合规经营,保护自身合法权益。这些法律法规为大学生创业提供了政策支持和法律保障,促进了大学生创新创业的发展,并为大学生提供了更多的机会和平台。创业者需要充分了解和遵守相关法律法规,依法经营,维护自身合法权益,促进创新创业的健康发展。本节着重介绍行政法规及其他部门规章中关于大学生创新创业的规定。

一、行政法规中关于大学生创新创业的内容

当前各省、自治区、直辖市都根据大学生创新创业的实际和地方经济社会发展现状制定了"就业促进条例""中小企业促进条例""自主创新促进条例""国家自主创新示范区条例"等地方性行政法规,对行政区域内青年创新创业活动及其相关管理、服务等工作作出了规定。

二、其他部门规章中关于大学生创新创业的内容

《教育部关于大力推进高等学校创新创业教育和大学生自主创业工作的意见》在 2010 年出台,针对大学生自主创业工作的开展,围绕高等院校创新创业教育以及建设创业基地等提出了较多的指导意见。省级教育行政部门需要遵循《关于实施"2010 高校毕业生就业推进行动"大力促进高校毕业生就业的通知》的相关内容,负责组织实施"创业引领计划",推动有关政策与措施的实施,高校毕业生在初次创办企业时可享受注册资金分期到位待遇,且对于不同的行业,人员与资金等准入条件可以有所放宽。基于有关法律法规的具体规范与内容,高校毕业生创业经营的场所可以是临时性商业住房与家庭住所等。对于从事个体经营的应届毕业生或者毕业两年内的大学生而言,在首次注册登记后的三年之内,可以享受免缴行政事业性收费的政策支持;针对合伙经营实现就业的情况,可以提高其贷款的额度;从事个体经营出现资金短缺的,可以享受小额贷款的支持。

2015 年,《国务院关于大力推进大众创业万众创新若干政策措施的意见》的

出台为大学生创新创业提供了政策方面的支持与扶持，围绕大学生创新创业实践的创新体制机制、优化财税政策、搞活金融市场、扩大创业投资、发展创业服务、建设创业创新平台、激发创业活力以及拓展城乡创业渠道等八个领域提出了具体的政策措施。

此外，《普通高校学生管理规定》对大学生的创新创业同样予以了鼓励与支持，学校在考虑现实的状况之后，可以形成灵活学习制度，为休学创业的学生提供便利，缩减休学批准的程序与流程，单独对最长学习期限与年限进行有针对性的规定，构建休学创业弹性学制，大学生可以申请创新创业休学，同时学校要为其保留入学资格。

第九章 大学生创新创业法律权益保障与风险规避

在经济转型和科技创新的时代背景下，大学生创新创业成为推动社会进步和经济发展的重要力量。然而，在创新创业过程中大学生面临的法律风险和权益问题也不容忽视。在此背景下，加强大学生创新创业法律权益保障和风险规避显得尤为重要。

本章将探讨大学生创新创业中法律权益保障和风险规避的重要性，并提出相关的分析和建议。深入研究大学生创新创业中法律权益保障和风险规避的问题，旨在促进大学生创新创业法律权益保障和风险规避的理论和实践探讨，为大学生提供权威的法律指导和支持，使他们能够更加安心、有序地进行创新创业，为社会经济的可持续发展做出积极贡献。同时，也将提醒大学生增强法律保护和风险规避意识，加强法律素养，保护自身权益，并努力规避和应对创新创业过程中的各类法律风险。

第一节 大学生创新创业权益保障

大学生创新创业权益保障具有重要意义。大学生是实现国家创新驱动发展战略和推动经济增长的重要力量。为保护大学生在创新创业过程中的合法权益，必须建立保障机制。本节将从依法保障大学生创新创业权益的重要意义、大学生创新创业权益保障等方面进行阐述和分析。

一、依法保障大学生创新创业权益的重要意义

当前在经济转型和市场竞争的时代背景下，大学生创新创业作为一种重要

的经济活动已经成为社会关注的焦点。大学生创新创业不仅为社会经济发展带来新的动力，而且能够为大学生个人发展和就业提供更多的选择。然而，在创新创业的过程中，大学生面临众多的挑战和困难，大学生创新创业的合法权益需要得到保障和支持。

依法保障大学生创新创业的权益不仅是一项重要任务，还是社会公平正义的需要。法律的保护可以为大学生创新创业活动提供明确的法律框架和保障，确保他们的权益不受侵犯，促进创新创业的健康发展。

首先，大学生创新创业作为一种全新的经济活动，需要得到法律的明确保护。大学生在创新创业过程中面临着众多的法律问题和挑战，如知识产权保护、合同纠纷、劳动权益等，法律可以为大学生创新创业提供明确的法律规定和源源不断的法律保障，帮助大学生规避法律风险，确保创新创业活动合法合规进行。

其次，依法保障大学生创新创业的权益有助于打造良好的创新创业生态环境。大学生是社会创新力量的重要组成部分，他们的权益得到保护能够促进创新创业的活跃和发展。法律的保护可以营造公平竞争的市场环境，鼓励大学生投入市场，并创造公正、透明的机会，确保他们在竞争中获得公平的机会，权益得到保障。

最后，依法保障大学生创新创业的权益可以激发他们的创新能力和创业热情。创新创业的过程本身就是高风险的，大学生需要面对各种风险和挑战。法律的保护能够增强大学生创新创业的信心，使他们更加勇于创新和创业。同时，法律的保护也为大学生创新创业提供了更稳定的法律环境和可靠的保障。

综上所述，依法保障大学生创新创业权益具有重要意义和价值。法律不仅是对大学生创新创业权益的保障，也是对社会公平正义的反映。我们应高度重视大学生创新创业权益的法律保护，并加强法律和制度建设，为大学生创新创业提供更好的法律环境和保障。同时，大学生也应增强法律意识，遵守法律法规，合法合规经营，共同推动事业的蓬勃发展。

二、大学生创新创业法律权益保障

大学生创新创业法律权益保障主要是指对大学生的创新创业给予法律方面的保证。现阶段大学生创新创业法律权益保障可以概括为资本流转权益保障、商业经营行为权益保障和知识产权成果转化权益保障等方面。

（一）资本流转权益保障

资本流转权益保障集中体现为创新创业企业融资行为权益保障。企业融资主要指的是获得资金支持以确保内部资金达到供求平衡状态的过程。企业如果出现资金匮乏的问题,则倾向于以更低的代价获取所需的资金;企业如果处于资金盈余状态,则倾向于以更小的风险向外投放资金来获得收益。

1.企业快速融资渠道

企业在初期发展与后期壮大的过程中都离不开资金的支持,通过快速融资渠道可以较快地获取所需的资金,这种模式主要指的是从企业内部来获取资金,如自有快速融资渠道资金与专项资金等。就企业的并购而言,企业倾向于以快速融资来完成并购,这主要是基于快速融资渠道的保密优势以及更低的风险优势。企业借助于内部融资渠道能够降低向外借款的成本。该渠道存在优势,同时也存在明显的劣势,企业的利润对可获得资金规模的大小起到了决定性的影响,一旦内部利润降低,则无法满足企业融资的需要。

2.创业融资渠道

(1)国家财政资金。国家财政资金的优势在于无偿无息。很多中小企业在创业起步时期会面临较多的发展难题与困境,所需的资金规模相对较大,获取资金支持的途径非常有限,此时国家财政资金能够帮助其解决明显的资金缺口的难题,因此国家财政资金受到较多中小型企业的青睐。关于创业融资,国家财政资金涉及两个方面:一是劳动人口就业以及科技创新基金,如小企业创业基金、科研与教育基金等;二是防控市场风险基金,如农业风险补偿基金等。就专项基金而言,其管理比较严格,对资金的支付方式、用途、数量、拨付项目、管理机构职责等的规范与要求相对较多。就对企业发展的支持与扶持而言,政府所提供的措施与手段较为多元化,如免税利息补贴、政府采购担保与再担保等。

(2)银行信贷资金。涉及的金融机构有企业集团财务公司、证券公司、融资租赁公司等,这些金融机构相较于银行而言不具有强大的资金实力与经济实力,然而这些金融机构的资金供应具有方便性与灵活性的优势,是企业多元化融资的选择路径之一,能够为企业提供较多的资金支持与帮助。

(3)银行贷款。这是最为常见的融资渠道之一,但是由于其对企业资质要求较高,手续相对烦琐,对于急需创业资金的大学生来说,融资难度大,成功率低,远远不能满足中小企业的融资要求。

(4)风险投资。风险投资是创业融资中的一种重要方式,它为具有高成长潜力的创业项目提供资金和资源支持,同时也承担了相应的风险。风险投资通常投入较大规模的资金,为创业企业提供必要的初始和扩张资金。相较于传统的融资方式,风险投资可以提供更为充足的资金支持。风险投资机构拥有专业的投资团队和丰富的经验，能够为企业提供战略指导、行业资源等方面的支持，帮助创业企业提升管理水平和市场竞争力。风险投资通常以股权投资的形式进行，投资机构为创业企业提供资金的同时，享有一定比例的股权。这种方式能够激发创业者的积极性，并使投资机构积极参与企业的发展与管理。风险投资往往涉及高风险的创新项目，因此回报也具备较高的潜力。对于投资机构而言，它们承担了较高的风险，但也有机会获取丰厚的回报。风险投资作为创业融资的渠道，弥补了传统融资方式的不足，为具有高成长潜力的创业项目提供了更专业、更充足的资金和资源支持。

（二）商业经营行为权益保障

大学生在创新创业过程中应当依法经营，开展正当竞争，如保证产品或服务的质量，保护消费者权益，遵守企业安全生产责任制度，公平竞争，合法经营，履行企业环保义务。

《中华人民共和国产品质量法》对生产者的义务和责任进行了规范和要求。例如，就产品使用规范以及特征而言，生产者必须对产品的等级与规格、成分的含量与名称进行明确标注；对消费者必须明确了解或清晰知道的信息，生产者需要通过外包装予以明确的标注与说明；如果产品会对人身安全或财产安全产生潜在危险等情况，则生产者需要通过中文的警示标志予以说明；生产者必须用中文对产品名称与生产厂址等信息进行明确标注。另外，如果产品属于裸装食品或者部分产品在附加标识方面存在困难且属于裸装产品，则允许生产者不附加产品标识。

《中华人民共和国产品质量法》对于销售者所应履行的义务进行了明确的规范和要求，如不可以次充好或以不合格产品冒充合格产品；不可冒用或者伪造质量标志，如认证标志等；不可销售变质或失效产品；不可冒用或者伪造其他厂名厂址。产品责任的规则原则是，生产者适用无过错责任原则，销售者适用过错责任原则。

（三）知识产权成果转化权益保障

1.商标权的法律适用

商标权的主体是商标权的所有人及继承取得商标权的人。根据《中华人民共和国商标法》，我国商标权的主体可以为自然人、法人、其他组织。这里要明确的是，只有经过注册的商标才是商标权保护的客体，如果该商标仅在创新创业过程的实践中出现，却没有被依法注册，则不是商标权的客体。

《中华人民共和国商标法》要求商标应当具有显著性的特征。固有显著性是商标注册的核心要件，缺少显著性的标志不能进行注册。《中华人民共和国商标法》对商标标志予以了规范和要求，指出商标标志对于在先的姓名权、肖像权、驰名商标权等不可进行侵犯，其中第三十二条规定商标的注册不可以对他人现有的在先权利进行损害，也不可采取非正当的措施对其他主体已投入使用且影响力相对较大的商标进行抢先注册。

《中华人民共和国商标法》第二条指出负责商标注册以及管理工作的主体是国务院工商行政管理部门商标局；第三条指出经商标局核准注册的商标为注册商标。因此，《中华人民共和国商标法》确认的商标权为注册取得。

《中华人民共和国商标法》规定了商标注册证的发放以及公告的相关事宜。对经过初步审定公告的商标，如果在公告发布之日后的三个月内，在先权利人、利害关系人认为相关的商标注册是对自身合法权益的侵害或任何人认为商标不具有合法性的，可以向商标局提出自身的看法与意见；若无异议，公告期满之后，会发放商标注册证，同时进行公告。

商标权的利用在创新创业过程中主要体现为商标权的使用许可和商标权的转让。商标权转让时，应当由转让人以及受让人对转让协议进行协商与议定，同时共同向商标局提出转让的申请。受让人应当保证使用该注册商标的商品质量；对于转让人而言，应当将在同一种商品上注册的近似的商标，或者在类似商品上注册的相同或近似的商标一同转让。如果出现容易导致混淆或有不良影响的转让，商标局可以拒绝批准商标转让的申请。转让注册商标经核准后进行公告，受让人自公告之日起就拥有了商标的专用权。

2.专利权的法律适用

根据《中华人民共和国专利法》，专利包括发明专利、实用新型专利和外观设计专利。

专利权的主体是发明人、专利申请人和专利权人。《中华人民共和国专利法》中的发明人或者设计人必须是直接参加发明创造活动的人，必须是对发明创造的实质性特点做出创造性贡献的人。专利权可以转让、继承，受让人或继承人成为专利权人。专利权客体为发明专利、实用新型专利以及外观设计专利。

专利权的内容包括独占性实施权、禁止权、转让权和许可权。在授予发明专利权或实用新型专利权之后，对于其他的个人与单位而言，在未获得专利权人同意的情况之下，不可使用相应的专利，不可以生产经营为目的来进行使用，不可进口、许诺销售、销售相关的专利产品或基于相关的专利方法而生产的产品。在授予外观设计专利权之后，对于其他的个人与单位而言，在不获得专利权人的同意下不可使用相关的专利，主要指的是不可以生产经营为目的进行专利产品制造、进口、销售或许诺销售。

发明专利权的有效期限是二十年，实用新型专利权的有效期限是十年，外观设计专利权的有效期限是十五年，具体的计算方法是从申请日起计算。保护期限结束之后，相关的专利属于公共信息，其他单位及个人能够自主应用。

专利权的强制许可主要针对的是法定特殊情况，此时在不获得专利权人的认可与同意的基础之上，依然能够基于法定的手续使用专利，对于专利权人而言，需要提供专利实施许可费，此种许可不是独占实施，无权允许他人实施，仍需要缴纳许可费用，仅对发明专利和实用新型专利实施。

关于专利权的保护范围，对于发明专利及实用新型专利而言，其主要涉及的是权利要求的内容，并不涵盖附图及说明书；对于外观设计专利而言，其主要涉及的是照片或图片的外观设计，不包括简要说明。因此，根据不主张不保护的原则，大学生在创新创业的知识产权保护上一定要谨慎，务必在专利申请文件中全面列举专利权的保护范围。

对于专利权的侵权行为而言，侵权行为的主体需要担负侵权的责任。对于假冒专利的行为而言，需要担负的责任涵盖民事责任，会被没收违法所得，同时需要缴纳罚款；如果属于犯罪行为，则需担负刑事责任。

3.著作权的法律适用

著作权又被称为“版权”，围绕文学艺术或科学作品的作者与其他著作权人进行权利保护。《中华人民共和国著作权法》实施之后，能够实现对科学作品以及文学艺术作品的作者的著作权等相关权益的有效保障，是对相关群体的精神创作的大力支持和鼓励，能够推动社会主义文化及科学事业的繁荣发展。

(1)著作权的主体。著作权的取得和商标权、专利权不同，如果是自动获取的著作权，那么可以不进行授权的申请。《中华人民共和国著作权法实施条例》指出创作作品完成之日起便可获得著作权，该权利的主体为作品的作者。

(2)著作权的客体为作品。著作权法意义上的作品主要指的是在科学以及文学艺术方面存在独创性价值且可以通过有形形式进行复制的智力成果，即要兼具独创性和可复制性，二者缺一不可。《中华人民共和国著作权法》第三条对于著作权客体意义上的作品，同样规定存在著作权，如美术建筑作品、口述作品、杂技艺术作品、音乐、戏剧、摄影作品、文字作品、工程设计图、计算机软件等。

(3)著作权的内容包括著作人身权和著作财产权。著作财产权及著作权人除了可以自己使用作品外,更重要的是法律赋予其对一切商业性利用其作品行为的控制权,例如翻译权、传播权、表演权、复制权等。

(4)著作权的保护。对于著作权的侵权行为而言,侵权人必须基于现实的情节担负民事责任,具体的民事责任包括停止侵害、赔礼道歉或赔偿损失等。在没有获得他人许可的情况下,以个人名义发表和他人共同创作的作品,或者在他人作品上进行署名而个人未参与共同创作,或者对他人作品存在歪曲、篡改或剽窃的;在没有获得著作权人同意的情况下,使用其出版的图书、期刊的版式设计应当根据情况,承担停止侵害、消除影响、赔礼道歉、赔偿损失等民事责任。

第二节　依法规避大学生创业法律风险

创业是大学生实现个人梦想和创新发展的重要途径,然而,在创业过程中,大学生可能会面临各种法律风险。规避法律风险是保障大学生创业成功的关键。本节将从大学生创业法律风险的类型分析、法律保障机制等方面进行阐述,以帮助大学生高度重视并规避创业中的法律风险。

一、风险理论视角下大学生创业法律风险的类型分析

大学生创业必然会遇到法律风险以及受法律因素的影响,所以创业大学生首要的工作在于识别创业的法律风险,并对创业的法律风险进行具体探究与分析,为之后的工作奠定根基。创业活动属于法律性质的行为,若创业者的创业法律知识储备良好,法律意识相对较强,那么其便可对创业风险进行有效的事前识别,及时采取措施应对与解决,降低法律风险带来的损失,尽可能规避严重的后果,确保创业活动良性运转。在通常情况下,大学生所面对的创业法律风险关乎整个创业活动的多个方面与多个环节,如建立企业、企业经营运转等环节,具体来看涉及知识产权、合同管理、劳动人事等方面。

(一)创业形式选择不恰当的法律风险

创业者在创业的过程中会对创业的项目进行考察与确认,并基于现实的状况建立创业团队,之后应当考量创业项目的特征与规模、人员结构等,对组织形式进行合理的筛选,确保所选择的组织形式契合现实的需要与未来的发展。《中华人民共和国个人独资企业法》《中华人民共和国公司法》《中华人民共和国

合伙企业法》等对大学生的创业组织形式进行了规范与说明，主要包括个体企业、有限公司与合伙企业等。不同类型的组织形式之间的差异相对较大，主要表现在治理结构、法律责任的承担方式、出资规模等方面，创业者所需担负的权责义务也存在明显差异，所以要谨慎选择组织形式。《中华人民共和国公司法》对一人公司的出资的规定要求比较宽松，要求创业者所担负的责任是有限责任，对创业的大学生而言属于有利的选择。大学生和合作伙伴之间如果没有签订书面合作协议，极有可能无法对企业退出机制、股东约束、出资方式等问题进行明确与规范，进而引发违约责任失衡等问题，引发严重后果。因此，创业大学生在分析与选择创业形式时应当考量相应的法律问题。

(二)合同管理不合法的法律风险

就法律意义而言，大学生创业活动表现为外化型的契约行为，所有的经营管理都离不开合同。合同能够维系企业的外部交易，一方面合同是对交易行为不确定性的一种有效避免，另一方面合同也是对创业法律风险的有效预防与应对。详细来看，合同风险的内容包括四个方面：一是关于合同订立时期的风险，如果创业主体没有围绕交易主体的履行能力等进行有针对性的调研，那么容易因交易主体存在合同履约困难或难以履行的情况而引发风险。例如，合同相对人的资金实力薄弱或出现资金链断裂，或合同相对人在限制性规定明确的行业(如医药行业与建筑行业等)不具备法定的资格，由此引发合同无效的风险。二是合同内容违反国家的强制性法律规定，由此引发合同无效的风险，如航空等方面的技术转让没有遵守《中华人民共和国保守国家秘密法》。三是合同担保的法律风险。大学生如果对担保相关的法律法规缺乏了解与认识，那么会做出不合理的担保，一旦债务人难以偿还债务，就会引发严重后果。创业者必须对担保的行为十分谨慎与重视，应当在考量对方的担保风险与资金状况等详细信息的基础上做出担保选择，避免出现盲目行为。四是合同纠纷法律管辖不明的风险。我国合同纠纷的法律管辖主要依据《中华人民共和国民事诉讼法》和《中华人民共和国仲裁法》进行规定，如地域管辖、级别管辖、协议管辖、专属管辖和仲裁管辖。大学生创业实践中因合同纠纷法律管辖不明产生的法律风险主要指在合同中未明确合同纠纷产生时适用法律管辖的情形而产生的法律风险。在处理合同法律风险和纠纷时，大学生创业者应仔细审查合同中的管辖条款，并了解相关的法律规定，以便在发生纠纷时能够及时采取正确的法律行动。在必要时，应咨询专业律师以获取具体的法律意见和帮助。

大学生的创新创业行为属于市场交易的具体活动。市场交易行为的核心在于签订合同以及履行合同。所以，大学生在创新创业过程中必须围绕合同法的规范与要求进行了解与明确。《中华人民共和国合同法》等有关的法律条文比较广泛，大学生在进行全面细致的学习之后，也很难一一把握，因此可借助重点阅读的方式对合同法的基本规定和相关原则进行准确认识，如明确等价有偿原则可以避免出现违背社会公平正义的行为，认识诚实信用原则能够讲诚实守信用，防止欺诈与胁迫。

（三）劳动人事制度不健全的法律风险

我国的法律法规对劳动者权益保护问题给予了高度关注，所以大学生创业者的人力资源管理的合理性与有效性同样至关重要，无论是人员的招聘抑或是合同的签订都应当确保契合劳动法律的规范与要求。就具体的员工招聘工作而言，要关注避免出现歧视的情况，如民族歧视或性别歧视等，确保劳动者在就业方面是公平公正的。就招聘信息的发布而言，要避免出现附加性的歧视内容，否则会引发就业法律歧视的风险。就签订劳动合同而言，需要以书面劳动合同为主，一些大学生创业者所创办的企业往往属于小微企业，可能存在无需签订劳动合同的误解，也可能会有意利用不签订劳动合同来获得自由辞退劳动者的空间。然而，即使不与劳动者订立劳动合同，双方的法律责任与劳动合同的关系也是事实存在的。对创业者以及劳动者而言，劳动合同能够实现对双方合法权益的维护，所以签订劳动合同是必要且有较大价值的。就解除劳动合同而言，应当根据法律法规的要求来解除合同。就竞业禁止条款而言，要避免违背公平正义原则，避免对劳动者的就业权与择业权进行不合理不合法的限制，否则需要担负竞业禁止条款无效的风险。

（四）知识产权保护不力的法律风险

对于大学生创业企业而言，知识产权属于最具竞争力的资源与优势，对于企业的健康和持续发展起着关键性的作用。从狭义视角来看，知识产权涵盖了专利权、商标权以及著作权；从广义视角来看，科学发现以及商业秘密已被纳入其中。大学生创业者往往会考量技术优势，以高科技项目为主进行创业，如电子技术应用与网络服务等方面的项目。相关的法律风险表现为：一是对自己所拥有的知识产权比较模糊，或者对知识产权的重要性、价值和必要性了解不够深入；二是大学生创业者对保护知识产权方面的法律措施等不了解；三是对被侵权的法律风险不了解、不清楚；四是对竞争对手的知识产权不了解，所以在权利保护方面，难以引入有针对性的应对方法和手段。知识产权属于无形资产，受侵害的可能性相对较大，当前知识产权保护意识比较薄弱，很多人不具备知识产权保护意识，尤其是大学生创业者，在维权方面难以正确地使用法律武器，甚至在无法维护合法权益的情况之下，还会陷入法律纠纷，不得不担负法律责任。

大学生创新创业的优势之一是针对特定服务以及特定的产品有着原创性和创造性的方案，所以创造性智力成果与创新创业的成果具有决定性的作用。就市场竞争而言，当大学生创业者不具有维权的意识以及维权的知识，没有针对核心技术成果等引入有效的保护手段与保护方法（如申报专利等）时，其遭受侵权的可能性较高，同时也容易处入竞争劣势。大学生创业者也可能会出现侵权行为，若其对其他主体的知识产权存在故意或非故意的侵权行为，则其必然要担负侵权法律责任等。大学生创新创业中的知识产权方面的法律风险是比较具有代表性的风险之一，应当予以高度关注与重视。

（五）市场主体不适格的法律风险

大学生创新创业是以市场环境为载体的，随着市场环境体系的逐渐成熟，法律法规对市场主体的规范和要求相对较多，如对创办公司而言，大学生创业者作为公司股东以出资额为限对外承担民事责任，这降低了投资风险。当然，公司设立的程序相较其他法律主体也烦琐一些。如果采取合伙企业的形式，那么可以发挥组织灵活的优势，但无限连带责任也可能形成劣势；而如果采取个人独资企业的形式，可以实现对相关创业项目的控制权，但融资渠道可能受限。总之，大学生创业者需要充分了解不同类型法律主体的基本属性，潜在的法律风险也不容小觑。

（六）市场经营和劳动用工中的法律风险

经济法既涉及微观经济又涉及宏观经济，针对的是国家的经济发展，具体涉及反垄断法、不正当竞争法等。大学生的创新创业活动表现为具体化的经济活动，对于经济社会发展至关重要，同时大学生所开展的一系列创新创业活动，必然要基于经济法的规范和要求来开展。创新创业是围绕创新服务或创新产品展开的，可能涉及营销行为或推销行为等，相关的营销与推销的行为会形成多种关系，包括经营者和消费者的关系、市场参与者和市场管理者的关系、经营者和竞争者的关系等。相关的关系比较复杂，一旦大学生无法采取合理的措施和办法处理关系，则可能会引发较大的纠纷或矛盾，导致法律风险的可能性较高。大学生的经验存在较大的欠缺，法律知识储备不够完善，可能会引发较多的风险，如消费者维权法律风险与不正当竞争法律风险等。

大学生在创新创业的实践中，无论在商业经验方面还是在融资投资方面，都很难有较大的优势，所以在特定创业活动中，起到关键性作用的因素就是人力资源投入和配置。在创新创业项目的具体操作方面，大学生与创新创业公司之间属于劳动的关系，从法律角度而言，大学生属于服务于创新公司的劳动者，那么劳动者需要学习劳动法和劳动合同法的有关重要法律条款，签订合理公平的书面劳动合同，为维护自身合法权益提供良好的支撑。当大学生创办创新公司需要招聘较多的劳动者时，也需要关注劳动法的有关条款，避免侵害劳动者的合法权益，此外对竞业禁止以及商业秘密等也要予以重视。

二、构建基于风险理论的大学生创业法律保障机制

大学生创新创业会面临较多的难题和困难，在这一过程当中，社会与国家等多个主体往往会予以较多的引导与支持。法律风险存在不确定性与不可控的特点，因此需要建立大学生创业法律保障机制，强化创业大学生的法律意识，健全与优化法治创业体系，帮助大学生更好地应对创业法律风险。就大学生创业法律风险的防控以及保障而言，可采取的措施有以下几方面。

（一）完善创业教育课程体系

在创业法律教育方面，高等院校发挥了重大的作用。当前的创新创业教育以创业培训为主，导致创业法律教育停滞不前，存在较大的缺口，无法有效地优化大学生的创业法律知识储备以及增强法律风险意识。高校需要对创新创业课程体系进行调整和优化，引入法律风险管理课程与创业法律教育课程，推动课程改革的落实和执行，增加法律类课程，确保大学生创新创业教育能够与法律类课程相融合。大学生创新创业的教育无需深入细致的创业法律教育，基础性与概括性的创业法律教育就能够满足大多数大学生的创业需要。创业企业管理教育属于启蒙性的创业教育，能够让大学生基于体系优化的学习与课程获取创办及管理中小企业的基础知识和有效经验，强化自身的实践能力以及风险规避的能力。创业法律风险管理和防控类课程，如以《中华人民共和国劳动合同法》《中华人民共和国公司法》《企业法律风险管理指南》等为主要内容的课程，能够让创业者获取较多的基础性创业法律知识、法律原则，强化法律意识。

在师资队伍方面，高等院校需要邀请较多的专业人士参与创业法律教育，如企业高级管理人、法学教师、律师等，这些主体在法律教育、法律实践、创办企业等方面具有显著的优势及有效的资源，可以增强创新创业教育的专业性。在教学内容方面，高等院校需要以创新创业为主来选择实践内容，开展有针对性的课程讲授，基于各种创业类型有选择地进行教学与指导。例如，对创办技术

型企业的大学生而言，授课内容重点在于知识产权保护等方面；对处于孵化期的企业而言，教学内容应当以企业组织形式的分析与选择为主；对处于成长期的企业而言，教学内容需要涉及财务、税收与合同风险管理等方面。在教学手段方面，可采取的方法与措施较为多样化，如模拟法庭、典型示范、实践演示等。在教材方面，应以创业法律教材为主，同时考量实践性及应用性的需要，立足劳动人事、合同管理、知识产权等及时调整与优化教学内容，确保大学生既能够学到创业法律的知识，又能够增强实践操作的能力。在基础课程体系方面，高等院校应该在法律通识类课程方面提供更多的选修课程，如“创业法律基础”等，让大学生可以进行有针对性的选择，弥补自身法律知识与法律意识的不足。

（二）构建大学生创业法律援助体系

经营与运转企业所涉及的法律知识的专业性比较强，大学生创业者所学习的法律知识能够解决的问题比较有限，所以大学生创业离不开专业法律人士的帮助。对处于创业初期的大学生而言，自身的资金相对有限，没有较强的实力来购买专业化的法律服务，所以社会协助及政府支持显得至关重要。社会组织及政府部门应当对创新创业的资源进行整合，尽可能地满足大学生创新创业的法律援助需求，如地方政府应当基于法律援助中心构建专家团队，为大学生群体开展多元化的法律服务，如法律讲座、法律咨询、法律援助等，帮助大学生更好地应对法律风险。

对于开设法学院的高等院校而言，可以充分调动法学资源与专业优势，支持与扶持其他专业的学生进入法学院学习并且支持不同专业学生合作建设创业团队，这能够有针对性地解决大学生管理经验与法律知识不足的问题，优化教育资源的共享成果与成效。很多高等院校的法学院会建立法律援助中心及法律实践基地，所以高等院校应该充分调动自身的资源，以法学专业的教师及学生为主，构建创业顾问团队，建立高水平的志愿者团队，其中法学教师与专职教师可起到指导性的作用，法学专业的学生可起到主体性的作用，满足本校创业学生的法律需求，丰富法律援助的类型。一些法学院对校内资源进行梳理与整合，满足在校学生创业活动的需要，为大学生创业提供较为完善的保障性法律服务，其中法学院的教师是创业团队的指导教师。基于创业孵化基地建设法律援助中心，降低了大学生创新创业获取法律服务的成本，能够有效地帮助大学生及时解决和消除创业中的法律问题与法律风险，还能够强化和增加法学专业学生的实践能力与知识储备，优化校内资源。

(三)搭建大学生创业法律风险防范平台

对于大学生创新创业的实践成果与成效而言,政府扶持及社会支持不可或缺。我国开始推行创新型国家战略,政府应当以创新型经济的建设和发展为主,优化产业政策及公共服务体系,围绕大学生创业群体建设法律风险防范平台,优化大学生群体的法律意识与知识储备,这是对大学生创新创业法律保障机制的优化。政府应当起到主导性的作用,与高等院校进行合作,基于创业项目对多种资源进行梳理与整合,如传媒资源、司法资源、企业资源与人力资源等,构建常态化机制,满足预防与解决法律风险的需求,推动法律风险预防理论落到实处,构建大学生创业企业法律实训平台,引入司法人员及指导人员对大学生进行指导和引导,构建多种情境,如纠纷解决、企业经营等,强化大学生的法律知识应用能力以及企业管理能力。

(四)完善大学生创业法律风险防范制度体系

基于大学生创新创业的需要,开展法律风险的教育,为大学生创业提供良好的保障,降低法律风险,维护大学生创业群体的合法权益。企业经营管理制度体系和法律风险防范的关系较为紧密,所以必须完善经营管理制度体系。首先,制定合理有效的规章制度,确保企业在法律法规的范围之内进行经营与运转。创业大学生应当充分考量市场竞争的现状,针对法律风险的重要问题和环节展开制度性的管理,引入制度规章,对责任、权利、程序与流程等细节问题进行明晰,确保企业发展有章可循。其次,围绕法律风险重点问题进行有效预防与管控,优化企业管理的能力与水平。大学生在创新创业过程中所创办的企业类型相对较多,不同类型企业的法律风险节点存在较大的差异,所以需要有针对性地差异化地应对,如科技型企业的重点管理领域是知识产权,网络服务型企业的重点管理领域是合同及民事侵权,小微型服务企业的重点管理领域是劳动人事问题。

第三节　大学生创新创业权益权利救济的途径

对大学生创新创业权益的保护与维护是大学生充分发挥创新潜力和创业能力的重要保障。在实践中可能会出现侵犯大学生创新创业权益的情况,如知识产权侵权、不公平竞争、合同纠纷等。为了保护大学生的创新创业权益,为大学生提供权利救济的途径至关重要。本节将介绍几种常见的大学生创新创业权益权利救济的途径,以帮助大学生了解并运用这些途径来维护自身权益。

一、权利救济的定义与现实意义

大学生创新创业权利救济是指当高等院校大学生在其创新创业活动中的权利受到了侵犯时，相关机构或者个人可以根据法律规定对其进行适当的救济，以消除侵权行为，保护创新创业者合法权益的途径及法律关系的总和。

即使做到事前预防、事中控制，但由于创业环境的复杂性和市场的多变性，在创业实际运作过程中，法律风险事件仍然是难以避免的，大学生创新创业者可能在创业期间会在不知不觉中成为被告，甚至法律风险还会对个体创业的持续经营产生影响。因此，创业者了解救济途径，能够最大限度地防范法律风险，使法律风险最小化。

大学生在创新创业过程中不可避免地会遇到法律纠纷，其中以民事纠纷居多。大学生创新创业者可以通过民事法律救济途径、仲裁救济途径等保护自己的合法权益。

二、民事法律救济

在大学生创新创业的维权实践中，民事诉讼是纠纷解决机制的主体。诉权是大学生创新创业者依法享有的权益。大学生创新创业者在创新创业实践中依据民事诉讼进行维权时，应当注意以下几点。

(一)民事案件的主管与管辖

主管与管辖是在民事诉讼中密切联系的两个概念。在创新创业实践中，由于侵权行为发生的时间地点以及具体行为模式的不同，创新创业者在维权时首先确认民事案件的主管与管辖的问题是非常有必要的。

在司法实践中，以下四类案件属于创新创业过程中民事案件的主管范围。一是民事案件，即由法律规范调整的平等主体之间的纠纷；二是商事案件，即由法律法规调整的平等主体之间财产关系的纠纷；三是受《中华人民共和国劳动法》调整的用人单位和劳动者因劳动关系而产生的争议；四是对由其他法所调整的社会关系有法律明文规定的，应当按照民法诉讼程序进行审理的，如专利纠纷案件、房地产纠纷案件、交通事故和环境污染引起的损害赔偿案件等。民事案件的管辖是指经过民事案件的主管审查，该案件属于民事主管范围，在此基础上来确定该案件由哪一级法院受理。《中华人民共和国民事诉讼法》规定，民事案件管辖可分为级别管辖、地域管辖、移送管辖和指定管辖。大学生创新创业中民事案件的受理应当根据级别管辖、地域管辖、移送管辖和指定管辖原则来确定该案件的管辖权。在实践中，一方认为被起诉的法院不具有管辖权限的可以向被起诉或被移送的法院提起管辖异议。人民法院收到诉讼请求后，如有异议，应在诉讼时效内提出。

（二）民事诉讼中的调解

诉讼调解有别于人民内部调解，是指民事案件在人民法院审判组织主持下，诉讼双方当事人平等协商达成协议，经人民法院审理可以终结诉讼活动的一种结案方式。诉讼调解应当遵循自愿、事实清楚、分辨是非及合法原则进行，充分展现公权力和私权力的有机结合。

（三）调解的进行

调解可以采取合议庭联合或由一名合议庭法官进行，应该在庭上或在当事人所在的地点由法院组织协调，并可邀请相关单位或个人参加。调解协议通常是在调解方案的基础上形成的，调解方案原则上应当由当事人自己提出，双方当事人都可以提出调解方案，经过调解达成调解协议的，法院应当将调解协议做记录，并由当事人或经授权的代理人签名。根据《中华人民共和国民事诉讼法》的有关规定，调解协议违背法院调解原则的，人民法院不予确认，包括：一是侵害国家利益、社会公共利益的，二是侵害案外人利益的，三是违背当事人真实意思的，四是违反法律行政法规禁止性规定的。

和解的终结由一方不愿再进行或者双方已达成和解协议而终止。协调达成一致的，应当由当事人签署调解协议，并视具体情况签署同意调解书。

调解协议经过当事人的同意和签署后就具有法律效力，调解协议或调解书生效后与生效判决具有同等的法律效力，具体表现在以下几方面：一是程序终结后，双方可以就同样的情况、原因再次提起诉讼；二是在第一次审理中，协调协议生效后，双方当事人都不能提起诉讼；三是如果一方没有按照调解书的规定履行，另一方就可以按照调解书的规定向规定的人民法院要求强制执行。

（四）民事诉讼的程序

1.第一审程序

第一审程序是对一审民事案件进行审判的一种常见的审判方式，在民事审判过程中具有举足轻重的作用，主要包括起诉、对检控的审查与接受、庭审、法庭调查、庭审辩论、评论和判决等程序。起诉是指公民法人或其他社会团体在其民事权利遭受侵犯或与他人产生纠纷时，向各级人民法院提出诉讼，请求法院用自己的审判权来保护自己的合法权利。起诉是一种单方面的行为，根据《中华人民共和国民事诉讼法》，起诉应当具备下列条件：一是主体适用，有相应的原告，有明确的被告，有具体的诉讼请求和事实、理由，属于人民法院受理民事诉讼的范围和受诉人民法院的管辖；二是要满足形式上的要求，即按照被诉人的数量，将原告的申请材料递交给法院。

2.简易程序

简易程序是由基层人民法院及其派出法庭审理的一项简易民事诉讼，根据《中华人民共和国民事诉讼法》第一百六十四条，适用简易程序审理的，审结期限为三个月，有特殊情况需要延长的，经本院院长批准，可以延长一个月。

3.第二审程序

一方当事人对一审判决不服的，可以向上级人民法院提起上诉，二审是对二审案件进行审理的一种程序，二审诉讼又被称为“上诉诉讼”。二审法院仅就与上诉要求相关的事实和适用的法律进行审查，对没有提出申诉的内容，原则上无需复审，除非涉及国家和集体利益。对上诉案件的裁判形式分成两种，一是对一审判决不服而上诉的，具体包括维持原判决、驳回请求、依照法律改判、撤销之前的判决，或者发回原审人民法院重新审理。第二法庭所作出的判决为最终判决，一经送达双方，即发生效力。

4.再审程序

再审程序是一种由法院对生效判决中出现的错失进行重新审理的过程，并不是所有的民事案件都必须进行的，是一种对已经有约束力但又满足再次审判要求的裁定、判决、调解书等进行审判的特别程序。我国现行的再审程序包括以下三种方式：一是当事人申请启动再审程序；二是法院发现生效裁判有错误，启动再审程序；三是检察院通过行使检察监督权，通过抗诉的方式启动再审程序。依照《中华人民共和国民事诉讼法》，人民法院依照审判监督程序审理的案件，已经生效的判决决定是由第一审法院作出的，依照第一审程序审理，所作出的判决裁定，当事人可以提起诉讼；而生效的判决决定是第二审法院作出的，则依照第二审程序进行审理，所作出的判定裁决是生效的裁决判定；上级人民法院依照审判监督程序提审的，无论原先是在第一审程序审评结束，还是在第二审程序审评结束，都应当依照第二审程序进行审理，所作出的裁决判定都具有相应的法律效力。

三、仲裁救济

仲裁救济是社会救济的一种方式。仲裁的重点在于按照法律的要求以及当事人之间的约定，将争端提交给第三方组织即仲裁委员会，由仲裁委员会进行调解以解决争端。仲裁的自愿性和民间性决定了其属于社会救济的范畴，而同时仲裁的合法性使其区别于其他非诉讼纠纷解决机制，仲裁委员会应当由当事人协议选定，仲裁裁决具有一裁终局的法律效力等。

第四节　大学生创业应注意的法律问题

一、通过书面协议明确创业伙伴之间的权利义务

在创业初期，创业者往往都是寻找与自己关系比较密切、感情比较亲近的同学、亲戚、朋友作为自己的创业合伙人。大家关系比较友好，而且有些创业者是实干家，满怀希望一心做事，认为以后如何分享利益、如何承担债务都是比较末端枝节、比较遥远的事情，然而，这样会埋下法律纠纷的隐患。在创业还没有见到成效的时候，这些问题可能不会暴露出来，但是一旦获得了大量的经济利益，如何合理地分配利润就成为每个创业者都要面对的一个难题，一旦解决不好，就有可能在创业的过程中功亏一篑。

想要有效地避免这种情况，就必须在一开始就签订一份协议，将每一位创业者的责任都写清楚。书面协议可以有效地解决以后利益分配不公、债务承担不均的问题。在这份协议中，创业者可以对自己在创业项目中所持有的股份比例、所承担的债务比例、所从事的工作、引进新的创业同伴以及相关退出机制等都进行详细的规定。如果出现法律争议，则这份书面协议将是维护自身合法权利的证明。

二、创业组织形式的甄选

有些创业者觉得只要有创业项目，找一个地方成立工作室，然后开始做就是，而对于采用什么样的创业组织形式却不甚明确，这导致在创业失败后，创业者会背负大量的经济债务。

根据我国法律的规定，目前的经济组织形式主要有公司制、合伙制及个体工商户。根据上述几类组织形式的优劣，建议创业者采用公司制的形式进行创业，因为合伙制和个体工商户对创业者的保护力度很小，如果创业失败，创业者就要对创业组织的债务承担无限连带责任；而对于公司制，创业者作为公司的股东，只需要根据自己的出资额对本企业承担有限的赔偿义务。

公司有两种类型，一种是有限责任公司，另一种是股份有限公司。其中，股

份有限公司要求较高，一般创业者难以企及，所以对于绝大多数创业者而言，最合理的方式是成立有限责任公司。根据股东的人数不同，有限责任公司可以分为一人有限公司和多人有限公司。建议创业者最好不要采用一人有限公司，因为一人有限公司的股东必须将公司财产和个人财产厘清，否则在公司承担大量债务时，会导致股东承担无限连带责任。

关于公司制还有一个问题需要注意，那就是注册资本金。有些创业者为了让别人增加对自己的信任，往往会采用比较高的注册资本金，而自己一时又拿不出这么多的注册资本金，所以只好请工商注册服务机构帮助自己办理，在验资的时候利用工商注册服务机构的资金做假验资，等公司成立后再由服务机构把钱抽走。殊不知这样很容易触犯法律，构成抽逃资金罪。其实，在 2013 年年底，国家为了鼓励创业，促进更多的企业注册登记，已经放宽了对注册资本金的管理，由实缴制变成认缴制，即公司股东在公司成立之初，认缴注册资本金即可。

三、依法签订劳动合同

很多创业者创业都是采用个人作坊的形式，即开一个工作室，请几个工作人员，没有劳动者、用人单位的劳动法律观念。按照《中华人民共和国劳动合同法》的规定，凡是中华人民共和国境内成立的公司、个体经济组织、民办非企业单位与劳动者建立劳动关系的，都必须签署书面劳动合同，并为劳动者缴纳社会保险，否则将会受到法律的制裁。但是，在现实中，很多创业者都没有和自己的劳动者签订书面劳动合同，为其缴纳社会保险。

关于劳动合同，有许多用人单位认为，一旦跟劳动者签订了书面的劳动合同，就要对劳动者承担终生的责任。其实，这是非常错误的观念，签订书面劳动合同也是对用人单位的保护。在签订了书面的劳动合同之后，如果用人单位对劳动者不满意，则可以根据用人单位的规章管理制度和劳动合同，与其合法地解除劳动关系。如果不跟劳动者签订书面的劳动合同，一旦劳动者对公司不满，去劳动仲裁中心申请劳动仲裁，则用人单位很可能要对劳动者支付双倍工资作为补偿。

关于社会保险，很多用人单位没有为劳动者购买社会保险，导致与劳动者发生法律纠纷。此时，用人单位不仅要为员工补缴社保，还可能要承担行政处罚。其实，社会保险在发生劳动者工伤事故时可以为用人单位提供保护。

四、建立全面、系统的企业规章管理制度

一套全面、系统的企业规章管理制度对于一个企业的发展壮大是十分必要的，对一个企业的管理、运营都会带来极大的好处。如果员工工作达不到公司的要求或者违反了公司的管理制度，那么用人单位完全可以根据管理制度和劳动合同，合法地与该员工解除劳动合同而不必承担法律责任。

第三篇
大学生就业创业案例分析

【学习目标】

本篇通过大学生就业创业案例的分析学习，旨在实现以下目标。

1.理解创业机会和挑战。通过分析成功和失败的大学生创业案例，了解创业中的机会和挑战，掌握创业环境、市场需求、竞争情况等因素对创业成功的影响，培养对创业机遇的敏感性和判断能力。

2.分析大学生创业案例中的法律风险，理解创业中可能面临的问题和挑战。分析失败原因，思考如何避免相似的错误，提升风险识别和应对能力。

3.培养创新意识和机会创造能力。通过案例研究，了解大学生在创业过程中发现机会和创造价值的方式方法，培养创新思维和创业精神，勇于尝试、创新和创造，在变革中寻找商机。

通过案例学习，大学生能够对就业创业有更全面的认识。深入了解创业的机会和挑战，学习成功和失败的案例，提升自身的管理和决策能力，并获得实践和团队合作经验。在此基础上，大学生可以更好地为自己的创业和职业发展做出规划，提升就业竞争力和创新创业能力，在未来的职业发展中取得更好的成果。

随着科技的迅猛发展和全球经济格局的深刻变革,2022～2024年,大学生就业创业面临前所未有的机遇与挑战。数字经济、人工智能、绿色能源等新兴产业的迅速崛起为大学生提供了广阔的就业创业空间。同时,国内外经济环境的不确定性增加,贸易保护主义抬头给大学生的就业创业带来了诸多不确定因素。因此,对大学生就业创业案例进行深入分析具有重要的现实意义和理论价值。

在这一时期,大学生就业创业的特点和趋势也发生了显著变化。一方面,越来越多的大学生选择自主创业,通过创新创业来实现个人价值和社会价值;另一方面,大学生在就业过程中更加注重个人成长和职业发展,对工作环境、薪酬待遇、晋升机会等有着更高的要求。此外,大学生就业创业的地域分布也更加广泛,从传统的一线城市向二线城市、小城镇甚至农村地区延伸。

针对这些新形势和新特点,分析大学生就业创业案例显得尤为重要。通过案例分析,我们可以深入了解大学生就业创业的成功经验和失败教训,总结出有益的规律和启示。同时,案例分析还可以帮助我们发现大学生就业创业过程中存在的问题和困难,为政府、高校和社会各界提供有针对性的政策建议和改进措施。

2022～2024年,大学生就业创业案例分析的内容也应与时俱进。除了传统的就业创业模式和案例外,还应关注新产业、新技术、新业态下的大学生就业创业现象。例如,在数字经济领域,大学生如何利用互联网思维和技术创新实现创业梦想;在人工智能领域,大学生如何结合自身专业背景和市场需求进行技术研发和应用推广;在绿色能源领域,大学生如何把握环保政策和市场机遇推动可持续发展等。

综上所述,围绕大学生就业创业案例展开研究和探讨,对于指导大学生合理规划职业生涯、提高就业创业成功率、推动高等教育改革和经济社会发展具有重要意义。在未来的研究中,我们应继续关注大学生就业创业的最新动态和发展趋势,不断完善案例分析的方法和手段,为培养更多有创新精神和实践能力的高素质人才贡献智慧和力量。

第十章　劳动法律关系典型案例

在求职过程中，大学生面临就业压力，与用人单位确立合法的劳动关系是依法维护自身权益的前提和关键，本章通过分析劳动法律关系典型案例，帮助大学生掌握确立劳动法律关系的关键因素及劳动合同的内容、效力、变更、解除等内容，为大学生求职提供实际参考。

【以案说法 1】某互联网公司与王某某的劳动关系纠纷案

案例简介：

某互联网公司是一家提供外卖服务的企业，其经营范围主要集中在吴江步行街上。2018 年 10 月 4 日，王某某在送餐途中出了车祸，伤者是一名女性。经工商注册，王某某于 2018 年 10 月 10 日取得了昆山市某画室的个体工商户营业执照。王某某向法院提起劳动仲裁，要求确认其与某互联网公司之间的事实劳动关系。对此，该公司提出异议，并向法院提起上诉。

争议焦点：王某某与某互联网公司之间是否存在事实劳动关系？

案例要点：

平台企业或用工合作单位要求劳动者登记为个体工商户后再签订承揽、合作等合同，或者以其他方式规避与劳动者建立劳动关系，劳动者请求根据实际履行情况认定劳动关系的，人民法院应当在查明事实的基础上依法作出相应认定。法院认为，王某某提交了足够的证据，证实了该公司对其进行了考勤、派单等工作，其与该公司之间的关系具有劳动关系的性质。《项目转包协议》没有王某某的签名，没有公司的印章，也没有能够证明合同已经被履行的证据，而且王某某的画室是在车祸之后才成立的，所以这并不影响他与公司的劳动关系的确定。最终，法院认定王某某与某互联网公司之间的劳动关系成立。该公司对此提起了上诉，二审裁定驳回了上诉，维持了一审判决。

案例启示：

目前，平台经济已经进入快速发展的关键期。互联网平台的出现，给传统的劳动关系认定理论提出了严峻的挑战。用人单位将劳动者登记为个体工商户，并与其签订合同、合作协议，以“平等个体”的身份确立民事法律关系，从而避免用人单位承担劳动者的义务，上述行为应给予否定。本案中，法院回归对劳动关系本质特征的实质探求，根据用工事实和劳动管理程度，从员工入职到考勤，到接单、工资发放、考核，再到最后的评估，认定上述因素具备劳动关系“强从属性”特征，进而认定双方之间存在劳动关系。本案妥当地将劳动法基本理论应用于平台用工争议，这一制度对于新形态下劳动关系的法律认定具有一定的借鉴价值。

【以案说法 2】某服务外包公司与刘某的劳动关系纠纷案

案例简介：

刘某在苏州一家大型超市与一家服务外包公司签署了《共享经济用户协议》。某服务外包公司为该大型超市提供送货服务，将货物送给刘某，并计算其派送人工费用。刘某于 2010 年 4 月 9 日在送货过程中因车祸受伤。刘某申请劳动仲裁，要求认定其与某服务外包公司的劳动合同成立，获得了仲裁裁决的支持。某服务外包公司对仲裁裁决不服，提起了上诉。

争议焦点：某服务外包公司与刘某的劳动关系是否成立？

案例要点：

平台企业或与其合作的服务外包公司将特定劳务以自由自愿形式外包给非特定从业者，由从业者在移动终端上注册账号，获得通过后承担劳务并结算费用，企业不限制从业者是否参与劳动及何时提供劳务，且不禁止从业者为其他平台提供劳务，从业者主张确认劳动关系的，人民法院不予支持。法院经审理判决，刘某自带运输工具，平台发订单时，他有接受或不接受订单的自由，没有送货订单的数量要求，也没有规定的时限，服务外包公司没有对刘某的工作进行管理，也没有禁止刘某接受其他平台的工作，所以判决刘某与服务外包公司没有劳动关系。对此，刘某提起了上诉，二审裁定驳回了刘某的上诉。

案例启示：

以互联网为基础的新型就业形式，其就业数目大、准入门槛较低、上班弹性大，对拓宽岗位渠道、增加工作弹性、提升劳动者的工资具有一般就业形式无法取代的重要功能。根据消费变动需求灵活雇佣从业者,实现人才与岗位动态优化匹配,有利于推动用人方式“供给侧改革”,降低企业用工成本,用活劳动者闲暇时间,在多场景下实现个人价值最大化,促进社会整体效率的提升。至于要不要简单地把供求双方都确定为劳动关系,这需要在平台经济的规范化发展中认真考虑。

【以案说法 3】张某与宁波某公司的劳动合同纠纷案

案例简介:

宁波某公司负责管理苏州工业园区某个外卖配送站点,该公司就其站点配送业务与安徽某公司签订承包协议,安徽某公司再转包给广西某公司。张某入职上述站点从事外卖配送工作,日常由宁波某公司进行考勤、排班、派单管理等。张某入职站点时,宁波某公司即要求张某与广西某公司网签电子承揽协议,协议约定由张某委托广西某公司为其办理个体工商户注册登记。张某在工作中受伤,申请仲裁确认其与宁波某公司存在劳动关系。仲裁决定不予受理,张某诉至法院。

争议焦点:张某与宁波某公司签订的劳动合同是否有效?

案例要点:

平台的劳务外包企业实际对劳动者进行劳动管理,但为规避建立劳动关系,通过签订承揽、外包合同将配送业务对外分包给第三方公司,第三方公司层层转包并由末端第三方公司与劳动者签订承揽、合作合同的,劳动者请求根据实际履行情况确认劳动关系的,应予支持。法院经审理认为,张某作为外卖全职配送骑手,接受宁波某公司考勤、排班、派单等劳动管理,并依托外卖配送劳务获取稳定收入,双方之间的人格从属、经济从属程度强,符合劳动关系特征。张某不具备个体工商户实质要件,电子承揽协议亦未实际履行,张某请求根据实际用工情况确认其与宁波某公司存在劳动关系,应予以支持。宁波某公司不服,提起上诉。二审判决驳回上诉,维持原判。

案例启示:

在新就业形态劳动争议处理中,一些平台用工企业以外包或劳务派遣等灵活方式组织用工。部分配送站点承包经营企业形式上将配送员的招募管理工作外包给其他企业,但实际上仍直接对配送员进行劳动管理,在劳动者主张相关权益时通常否认与劳动者之间存在劳动关系,将“外包”当成了规避相应法律责任的“挡风板”“防火墙”,导致新就业形态劳动者确认劳动关系面临用工主体难界定、用工关系不清晰、争议处理周期长等困难,增加了维权难度。在司法实践中,应当谨慎区分劳动关系与各类民事关系,对此类"隐蔽劳动关系",不能简单适用"外观主义"审查,应根据劳动管理事实和从属性特征明确劳动关系主体,依法确定各方权利义务。本案有助于督促平台用工企业或其合作企业规范用工,充分保障新就业形态劳动者的合法权益。

【以案说法4】胡某与某供应链公司的劳动纠纷案

案例简介:

胡某于2020年2月与某供应链公司签署了一项就业协议,约定胡某通过公司淘宝账号进行直播,每个月底薪7000元,并按照销售金额进行提成。胡某每天工作6个小时,直播商品是企业销售的服饰,商品的定价由企业制定,直播设备由公司负责。胡某在2020年6月离职后,向供应链公司提出索赔,请求支付被拖欠的工资。经仲裁,认定两人之间存在劳动关系,故胡某被拖欠的工资由供应链公司承担。供应链公司对此表示不满,向法院提起上诉。

争议焦点:胡某与某供应链公司签订的就业协议是否存在法律效力?

案例要点:

网络主播使用用人单位提供的注册账户在互联网平台上为用人单位销售产品,工作场所、劳动工具由用人单位提供,直播内容、直播时间由用人单位安排,劳动报酬由用人单位发放,双方之间具有明显人身与经济从属性的,应认定双方存在劳动关系。法院认为,胡某在网站上进行直播推广服务,属于供应链企业的一项重要工作,其工作地点、岗位所需工具由供应链企业提供,上岗时间由供应链企业安排,二者之间存在管理与被管理及经济上的依赖关系,属于劳动关系,因此,法院判决供应链企业向胡某支付欠薪。一审判决后,双方均未上诉。

案例启示:

网络主播是近几年随着网络等信息科技的发展而出现的一种新型的就业形态,以其独特魅力与巨大流量带动了网络购物市场的进一步发展。截至2022年年底,我国全行业网络主播账号累计超过1.5亿个。网络主播与其合作伙伴的劳动关系,应根据其在劳动关系中的从属性而定。本案中,公司为拓宽销售渠道,招聘网络主播在淘宝平台直播带货,此种营销方式虽然加入了网络、电商等元素,但并不是生产要素重构式的平台经营,并未影响到对劳动关系实质性的法律认定。法院通过综合运用劳动法基本理论,对合作协议的本质法律属性作出甄别，依法认定网络主播与公司之间劳动关系成立，对推动、规范新就业形态发展具有典型意义和示范价值。

【以案说法5】陆某与某出行科技公司的合同纠纷案

案例简介：

陆某自行购买了一辆小型轿车，登记、挂靠在某汽车租赁公司名下从事网络预约出租服务。陆某取得网络预约出租汽车运输证后，注册成为某出行科技公司的网约车平台专车司机。2020年12月1日，出行科技公司启用《专车服务分规则》；12月23日，出行科技公司以陆某存在接单后在车内睡觉导致乘客取消订单等3次违规情形为由，扣除陆某服务分30分，并取消了陆某的“专车”认证。陆某则认为，出行科技公司12月1日才启用新规，其被扣除的30分中有18分系11月发生的违规行为，新规不应溯及既往。陆某遂以出行科技公司随意出台新规侵害其合法权益为由，诉请出行科技公司赔偿其损失4.8万余元。

争议焦点：平台企业单方面改变规则是否有效？

案例要点：

平台企业应公平合理地制定与用工管理相关的规则，并保障新就业形态劳动者的知情权。平台企业未征得劳动者的知情同意，单方改变规则，损害劳动者合法权益的，劳动者主张该规则对其不具有法律约束力或者请求赔偿其因该规则不合理造成的损失的，应予支持。法院经审理认为，《专车服务分规则》系自2020年12月1日起实施，但出行科技公司却依据该规则溯及司机规则实施前的行为，并以此为由取消了陆某“专车”认证资格，侵害了陆某的合法权益并给陆某造成了实际损失，应予赔偿。法院在综合陆某正常运营期间的收入、被取消“专车”认证后的收入损失以及重新进行“专车”认证的时间等因素后，判决出行科技公司赔偿陆某3.2万元。一审判决后，双方均未提起上诉。

案例启示：

随着数字经济的发展，网约车成为人们日常出行的重要方式，网约车驾驶员的服务质量、安全水平等直接关系到人们的出行便捷性、体验感受和个人安全。一方面，网约车平台需要通过加强司机管理、细化服务规则等措施提高服务质量，增强乘客体验感和满意度；另一方面，网约车从业人员规模庞大，司机工作强度大、责任重，对其合法权益的保障是否充分关系到行业的健康发展程度和消费者的切身利益。从有助于平台经济健康发展的角度出发，司法裁判应当在平台方内部管理和从业人员权益保护之间找到利益平衡点，既要允许平台方加强监管，又要确保其监管的合理性和规范化。本案对于引导平台企业依法合理制定与用工管理相关的规则具有典型意义。

【以案说法6】某货运公司与庞某的工伤保险资格认定纠纷案

案例简介：

2019年4月，某货运公司与某快递公司签订特许经营加盟合同，约定在苏州市相城区某镇域范围内，快递公司将其注册商标及标识许可货运公司使用三年。2019年8月，货运公司与李某签订网络加盟合同书，约定由李某在部分经营区域内，使用快递公司许可的服务品牌经营快递业务。后庞某被招用至李某上述经营区域内从事收寄快递工作。2020年9月10日，庞某驾驶电动三轮车送快递发生交通事故死亡。庞某近亲属向苏州市人力资源和社会保障局申报工伤，该局作出认定工伤决定。货运公司不服，提起行政诉讼。

争议焦点：庞某与货运公司之间是否存在劳动关系？

案例要点：

快递物流公司等具备用工主体资格的用人单位将相关业务或经营权发包给不具备用工主体资格的组织或自然人，该组织或自然人招用的劳动者因工伤亡的，由具备用工主体资格的发包方承担工伤保险责任。法院经审理认为，货运公司将其承包的快递业务分包给不具备用工主体资格的自然人李某，李某招用庞某从事收寄快递工作，庞某因从事快递业务发生交通事故而死亡，符合《工伤保险条例》第十四条第一款，即在工作时间和工作场所内因工作原因受到事故伤害。经苏州市人力资源和社会保障局认定，庞某的死亡系工作原因，并由具有用工主体资质的货运公司承担工伤保险责任。货运公司不服提起上诉，二审判决驳回上诉，维持原判。

案例启示：

在快递行业，通过特许经营加盟等方式将快递业务经营权予以分包的现象较为常见。当用人单位向无用工主体资格的个人或组织承包有关业务或经营权时，为了保障劳动者的合法权益，当其在工作过程中发生意外时，应由具备用工主体资格的发包方承担工伤保险责任。以上情况下的工伤保险责任并不要求有法定或事实的劳动关系，这是《工伤保险条例》规定的一个例外情况，即“有劳动关系”是工伤认定前提的例外情形，也是对保障工伤职工权益所作的特殊制度安排，旨在更好地为因工作遭受事故伤害的人员提供保障，有利于进一步规范快递等行业市场秩序。

第十一章　大学生就业权益保护典型案例

【以案说法 1】大学生"刷单"法律纠纷案

案例简介：

2015 年，大一学生方某在 QQ 群看到有人发"高薪兼职"的消息，说加他们的 QQ 号，帮他们淘宝商城刷信誉，根据每单金额大小给予报酬。方某挣钱心切，就将信将疑地添加了 QQ 群里那位叫作"金牌客服 8"的陌生人为好友。该客服声称他们公司是正规的，是合法经营的，刷信誉不违法，并把公司营业执照发给方某看。至此，方某完全放下戒心，通过手机填写了对方发来的申请单以及自己的银行卡和支付宝账号等个人信息。随后，客服发来一个链接，让方某点进去，打开是一张价格为 108 元的充值卡，方某按照对方给的步骤打开链接并进行支付，之后，对方很快将佣金和本金打到方某的银行账户，半小时后客服说有两个任务给方某做，要求他分别刷 34 件和 18 件商品，商品单价均为 108 元。方某先刷了 17 件，支付 1836 元，客服告知必须完成全部任务，才能拿到所有本金和佣金，方某只好继续刷 17 单，再次支付 1836 元。然而此时方某的支付宝已经超过了支付额度，遂告诉对方，他无法继续拍剩下的 18 件充值卡，要求退还本金，但是客服说如果不能完成所有任务，系统将会自动冻结方某的交易端口，这样将拿不回本金，并坚持要求方某继续刷单。第二天，方某与辅导员和亲友沟通后，才意识到自己遭遇了网络诈骗。在与对方 QQ 沟通无果的情况下，方某不但没有赚到钱，还被骗走 3700 余元，QQ 号也被对方拉入了黑名单，查找无门，3 月 20 日因方某之前用手机点开对方发来的网络链接，导致手机中毒而未察觉，对方竟自动生成交易，通过盗取方某支付宝账号将 1944 元余额转入诈骗分子账户，导致方某经济损失高达近 6000 元。

争议焦点:方某的信誉刷单行为违法吗?

案例分析:

刷单是近几年一种新兴的现象,也是在电子商务快速发展的基础上形成的衍生词,主要是指店家请人假扮自己的客户,然后通过虚假的购物方式提升自身网店的销量以及排名,从而得到更多的好评和销量数据,以此提升对其他潜在客户的吸引力的方式。刷单主要有两种形式:第一种是针对单品进行刷销量,主要目的是做"爆款";第二种是通过刷信誉的方式提升整个店铺的信誉度。对于大多数网店来说,一般会利用刷单的方式增加自身的好评和销量,通过这种方式吸引更多的潜在客户,在刷单的同时也会向刷手支付酬劳,酬劳的额度主要取决于刷单的数量以及商品的价格。网店可以通过这种方式获得比较靠前的搜索排名,此时买家在搜索相关商品时,就会比较容易找到相关的网店。刷单行为已成为网络销售中极其普遍的现象。那么,为什么会产生刷单行为?可以从以下四个角度进行分析。

第一,对于入驻平台的商家而言,只有将自己所售商品展现到客户面前,才可以增强自身的竞争力。在电商平台中存在大量的同类网店,同时也存在非常多的同质商品,而在呈现这些商品时,电商平台一般会根据销量以及好评进行排序,如果店铺的商品拥有更多的好评和更高的销量,那么消费者就有更大的可能搜索到店铺的商品。正是因为电商平台的这种规则,很多店家为了吸引消费者对自身商品的关注都会主动迎合这种规则,这也是店家通过刷单获得好评和销量的主要动力。刷单可以让卖家在短时间内取得销量和好评,采取这一方式提升店铺等级的速度比正常经营的店铺快至少10倍。

第二,对于电商平台而言,短期来看,卖家请人刷单从总体上会提高平台的人气,可以吸引更多的卖家入驻平台开店,也可以吸引更多消费者利用平台进行购物,同时由于这些平台正处在吸引投资的关键时期,所以平台并不会对刷单行为严厉禁止或打压。更有甚者,一些平台高管迫于内部绩效考核的压力,还有可能会向商家给予刷单的暗示。在一定意义上,刷单行为产生的根本原因是电商平台仅根据销量和评价对商品以及卖家进行判断,这种判断标准是非常片面的。

第三,对于刷手而言,从事刷单行为不需要太多的成本,只要有智能手机或者电脑就可以进行,而且刷单过程简单易学,工作时间灵活,利润可观,因此刷单成为不少兼职人员青睐的工作。

第四,对于快递公司而言,虽然空单寄送费用低,但数量大,快递公司无须过多的人力投入即可获得可观的收入,因此一些快递公司还会参与这种空包业务,当前网络平台中充斥着非常多的“空包网”。

本案中,方某的信誉刷单行为存在违法情形,具体来说有以下方面:

第一,涉嫌违反《中华人民共和国电子商务法》。《中华人民共和国电子商务法》第十七条规定:“电子商务经营者应当全面、真实、准确、及时地披露商品或者服务信息,保障消费者的知情权和选择权。电子商务经营者不得以虚构交易、编造用户评价等方式进行虚假或者引人误解的商业宣传,欺骗、误导消费者。”对于电子商务经营者来说,雇用他人刷单的行为即构成该法所称的欺骗、误导消费者的行为。

第二,涉嫌违反《中华人民共和国消费者权益保护法》。卖家通过“作弊行为”营造自己的虚假信誉,造成商品销量高的假象,侵害了消费者的合法权益,涉嫌欺诈。按照《中华人民共和国消费者权益保护法》的规定,聘用评论师进行虚假评论属于虚假宣传行为,违反了自愿、平等、公平、诚实信用的原则,其行为侵犯了消费者的知情权、公平交易权。“刷单”的个人或团体,如果因此给消费者造成损害,则应当与经营者承担连带责任。

第三,涉嫌违反《中华人民共和国民法典》。《中华人民共和国民法典》第一百四十八条规定:“一方以欺诈手段,使对方在违背真实意思的情况下实施的民事法律行为,受欺诈方有权请求人民法院或者仲裁机构予以撤销。”欺诈是指一方当事人故意告知对方虚假情况,或者故意隐瞒真实情况,诱使对方当事人作出错误的意思表示。因欺诈而订立的合同,是在受欺诈人因欺诈行为发生错误认识而作出意思表示的基础上产生的,所以,刷单行为已经涉嫌合同诈骗。

第四,涉嫌违反《中华人民共和国反不正当竞争法》。《中华人民共和国反不正当竞争法》第八条规定:“经营者不得对商品的性能、功能、质量、销售状况、用户评价、曾获荣誉等作虚假或引人误解的商业宣传,欺骗、误导消费者。”第十二条规定:“经营者不得利用技术手段,通过影响用户选择或者其他方式,实施下列妨碍、破坏其他经营者合法提供的网络产品或者服务正常运行的行为。”刷单行为不仅是一种引人误解的虚假宣传,还是一种影响用户选择的破坏其他经营者的正常经营的行为,所以它与《中华人民共和国反不正当竞争法》相违背。

从整体来看,我国涉及刷单的相关法律分布在各个部门法之中,不够集中,导致在实务中无法全面客观地适用,而且缺乏对惩罚方式及力度的明确规定,所以在现实生活中这种法律往往治标不治本,违法成本低导致大量的网络店铺无法正视相关的法律法规，刷单现象屡禁不止，进而催生一系列的网络诈骗现象。

案例启示：

参与刷单，容易陷入诈骗的陷阱。现在的大学生想要急切赚钱的心理强烈，而且对自我信息和隐私保护的意识薄弱，因此受骗的群体大部分是在校大学生。从这个案例中我们可以发现，诈骗分子正是利用了大学生求职赚钱的急切心理，才能使大学生一步步落入圈套。所以在这里提醒大家，刷单行为是违反诚实信用原则的违法行为，而且很容易陷入诈骗陷阱。因此，大家一定要远离刷单，做守法公民。

【以案说法 2】大学生就业歧视法律纠纷案

案例简介：

2012 年 6 月，山西籍女大学生曹某临近毕业时通过网站进行求职，发现自己符合巨人教育的招聘条件，于是根据招聘要求将自己的相关资料提交至规定的邮箱，但等待十几天未见面试通知。

半个月后，曹某以电话方式询问对方的工作人员，对方表示该岗位仅招聘男性，虽然曹某均符合相关条件，但并不会考虑。7 月，曹某向北京市海淀区法院递上诉，决定通过法律途径来维护自己的合法权益。该案最终在法院的组织下，双方自愿达成和解，形成终局性协议。按照双方达成的协议，巨人教育应当支付 3 万元人民币作为专项资金支持女性平等就业，另外还要承担相应的案件受理费。

争议焦点：大学生在就业过程中受到性别歧视该怎么办？

案例分析：

就业歧视是指劳动者在选择就业机会时因民族、性别、年龄、地域、学校、学历、相貌等方面的不同而受到不平等待遇。性别歧视是大学生就业中遇到的最多的问题，也是最令女大学生尴尬的问题。虽然按照法律规定，男性和女性的地位是平等的，然而从社会的实际情况来看，普遍认为女性没有男性能干，同时，女性的特殊情况，比如女性生理特征、生育哺乳带来的劳动成本，也是用人单位歧视女性的主要原因。因此，有些用人单位在招聘时往往会对女性设置比较高的门槛，部分单位在招聘职员时还会在条件中注明限男性。这样，女性虽然很优秀，但却连竞争的机会都没有。《中华人民共和国宪法》规定："中华人民共和国妇女在政治的、经济的、文化的、社会的和家庭的生活等各方面享有同男子平等的权利。"我国明确保护妇女应有的利益和权力，并且要求男性和女性必须做到同工同酬，同时还强调要加强对妇女干部的培养及选拔，因此平等权是女性理应享有的宪法性基本权利。

案例启示：

事实上，我国法律已经作出明确规定，如果当事人遇到就业歧视的情况，那么可以按照规定的程序向法院提起诉讼。以上案例充分证明，女大学生如果在就业过程中遇到性别歧视，可以用法律捍卫自己的权益和尊严。

【以案说法 3】大学生兼职关系法律纠纷案

案例简介：

陈某系某学校 2018 级在校学生。陈某与同学武某于 2020 年年底与某快餐店达成共识，由陈某等为该快餐店送外卖，快餐店按周结算报酬。陈某通过快餐店经营者王某某取得了加盖该快餐店公章的空白劳动合同用于其交付学校使用，合同内容及王某某签名均由陈某自行填写。2021 年 5 月，陈某在送快餐时不慎摔倒受伤。后陈某提起劳动仲裁申请，要求确认其与某快餐店之间存在劳动关系，仲裁委员会作出不予受理决定后，陈某不服，向法院提起诉讼。

争议焦点：陈某兼职送外卖，是否构成劳动关系？

案例分析：

陈某系在校大学生，其利用课余时间进行临时性的外卖工作，并不以就业为目的，亦未将该工作当作其职业和持续生活的需要，某快餐店亦知晓陈某为在校大学生，陈某的人事档案由学校保管，招用陈某是出于临时用工的需要，双方之间并未达成建立劳动关系的合意，快餐店向陈某提供的空白盖章劳动合同系用于陈某交付学校使用。另外，快餐店按周与陈某结算报酬，陈某亦无证据证实具有基本工资。综上，认定陈某与某快餐店之间不存在事实劳动关系。

案例启示：

很多高校在学生临近毕业之际，课程安排较少，会允许学生校外实习或兼职，参加社会实践活动。因学生未毕业仍属在校生，其人事档案仍由学校负责保管，校外社会实践时间通常较短，选择的工作内容相对灵活多变，与毕业后寻求的长期稳定工作岗位存在较大差异，而且学生在此期间的工作目的往往是赚取生活费、学费，积累经验，用人单位一般也知晓学生身份，属于临时性用工，因此此情形下的工作不被视为就业，学生与用人单位之间未建立劳动关系。

【以案说法 4】网络主播与某文化传播公司的劳动关系纠纷案

案例简介：

李某于 2018 年 11 月 29 日与某文化传播公司签订了为期两年的《艺人独家合作协议》，约定：李某聘请某文化传播公司为其经纪人，某文化传播公司为李某提供网络主播培训及推广宣传，将其培养成为知名的网络主播；在合同期内，某文化传播公司为李某提供整套直播设备和直播室，负责安排李某的全部直播工作及直播之外的商业或非商业公众活动，全权代理李某的直播、出版、演出、广告、录音、录像等与演艺有关的商业或非商业公众活动，可在征得李某同意后作为其委托代理人签署有关合同；李某有权参与某文化传播公司安排的商业活动的策划过程、了解直播收支情况，并对个人形象定位等事项提出建议，但一经双方协商一致，李某就必须严格遵守相关约定；李某的直播内容和时间均由其自行确定，每月可获得基本收入 2600 元，各直播平台后台礼物累计价值 5000 元，超过 5000 元的部分由公司和李某进行四六分成，超过 9000 元的部分进行三七分成，超过 12000 元的部分进行二八分成。从事直播活动后，李某按照某文化传播公司要求入驻两家直播平台，双方均严格履行协议约定。李某每天直播时长、每月直播天数均不固定，月收入均未超过 3500 元。2019 年 3 月 31 日，李某因直播收入较低，单方解除《艺人独家合作协议》，并以公司未缴纳社会保险费为由要求某文化传播公司向其支付解除劳动合同经济补偿。某文化传播公司以双方之间不存在劳动关系为由拒绝支付。李某向仲裁委员会申请仲裁，仲裁委员会裁决双方之间不存在劳动关系。李某不服仲裁裁决，诉至人民法院。

争议焦点：某文化传播公司对李某的管理是否属于劳动管理？

案例分析：

在传统演艺领域，企业以经纪人身份与艺人订立的合同通常兼具委托合同、中介合同、经纪合同等性质，并因合同约定产生企业对艺人的“管理”行为，但此类管理与劳动管理存在明显差异：从“管理”的主要目的看，企业除安排艺人从事演艺活动为其创造经济收益之外，还要对艺人进行培训、包装、宣传、推广等，使之获得相对独立的公众知名度和市场价值；而在劳动关系中，企业通过劳动管理组织劳动者进行生产经营活动，并不以提升劳动者独立的公众知名度和市场价值为目的。从“管理”事项的确定看，企业对艺人管理的内容和程度通常由双方自主协商约定，艺人还可以就自身形象设计、发展规划和收益分红等事项与企业进行协商;而在订立劳动合同时,单个劳动者与企业之间进行个性化协商的空间一般比较有限,劳动纪律、报酬标准、奖惩办法等规章制度通常由企业统一制定并普遍适用于企业内部所有劳动者。此外,从劳动成果分配方式看,企业作为经纪人,一般以约定的分成方式获取艺人创造的经济收益;而在劳动关系中,企业直接占有劳动者的劳动成果,按照统一标准向劳动者支付报酬及福利,不以约定分成作为主要分配方式。综上,企业作为经纪人与艺人之间的法律关系体现出平等协商的特点,而存在劳动关系的用人单位与劳动者之间则体现出较强的从属性特征,可据此对两种法律关系予以区分。

本案中,通过《艺人独家合作协议》及其履行情况可以看出,某文化传播公司作为李某的经纪人,虽然也安排李某从事为其创造直接经济收益的直播活动,但其主要目的是通过培训、包装、宣传、推广等手段使李某成为知名的网络主播;李某的直播时间及内容由李某自主决定,其他相关活动要求等由双方协商确定,李某对其个人包装、活动参与等事项有协商权,对其创造的经济收益有知情权;双方以李某创造的经济收益为衡量标准,约定了“阶梯式”的收益分成方式。因此,双方之间的法律关系体现出平等协商的特点,并未体现出《关于确立劳动关系有关事项的通知》(劳社部发〔2005〕12 号)规定的劳动管理及从属性特征,应当认定为民事关系。李某提出确认劳动关系并支付解除劳动合同经济补偿的诉求与事实不符,不予支持。

案例启示:

近年来,随着网红经济的迅速发展,大量网络主播经纪公司应运而生。与传统演艺业相比,网络主播行业具有更强的灵活性、互动性、可及性和价值多元性,经纪公司“造星”周期和“投资—回报”周期也相应缩短。一些经纪公司沿袭传统方式与主播建立民事合作关系,以培养知名主播、组织主播参加各类商业或非商业公众活动为主业,通过平等协商确定双方权利义务,以约定的分成方式进行收益分配;但与此同时,一些企业招用网络主播的主要目的是开展“直播带货”业务,以网络直播手段推销各类产品,主播对个人包装、直播内容、演艺方式、收益分配等没有协商权,双方之间体现出较强的从属性特征,更加符合确立劳动关系的情形。因此,在仲裁和司法实践中,应当加强对法律关系的个案分析,重点审查企业与网络主播之间的权利义务及确定方式,综合认定双方之间法律关系的性质。

【以案说法5】大学生就业协议纠纷案

案例简介：

2005年4月，科技学院与张某签订《全国毕业研究生就业协议书》及《补充协议》，2005年9月，张某开始为科技学院提供劳动。

2009年，科技学院单位改制，张某认为改制补偿少，不参加改制，因张某处于孕期，科技学院不能与其解除劳动合同。

2011年3月28日，科技学院提前一个月书面通知张某解除劳动关系并支付了经济补偿金。后张某向劳动仲裁委员会提起仲裁，仲裁委认定科技学院与张某存在人事关系。科技学院不服，向法院提起诉讼。

争议焦点：《普通高校毕业生就业协议书》是否属于劳动合同？

案例分析：

就业协议书是应届毕业生就业的一个特有现象，由学校、用人单位、毕业生三方主体签订，签订之后就可以产生效力，并且对三方主体都能产生法律约束力。一份交回学校，一份交给用人单位，同时毕业生自己也需要保存一份，这一份协议是毕业生后续办理户口关系和行政接转以及报到等各项手续的重要依据和凭证。

签订三方协议需要注意：三方协议中往往会约定违约金，违约金虽是对双方的一个保障，但也是一把双刃剑。大家在签订三方协议时应慎重考虑，尤其是违约金约定数额较高的协议。当遇到更好的工作机会时，毕业生毁约需要按照三方协议的约定向用人单位支付违约金，同时需要将原三方协议交还给高校就业办，以换取新的协议书，也就是改派。

就业协议书的有效期是短暂的。在劳动者到用人单位报到，双方签署劳动合同后，三方协议自动失效。科技学院与张某签订的《普通高校毕业生就业协议书》主要约定了张某的五年服务期，没有约定劳动报酬、工作内容和工作地点等主要内容，且协议签订时间为张某毕业之前，该协议不能视为用人单位与劳动者之间应当签订的劳动合同。因此，科技学院基于《普通高校毕业生就业协议书》的五年服务期，作出终止张某劳动合同关系的通知，该通知没有依据，科技学院通知终止劳动合同的行为无效。

案例启示：

三方协议不具有劳动合同属性，不适用劳动法律关系，其并非劳动合同，劳动者和用人单位不能以三方协议为依据主张劳动关系的成立与解除。

【以案说法6】李某与某科技公司的劳动合同纠纷案

案例简介：

李某自2020年起在某科技公司担任软件工程师，双方签订了为期三年的劳动合同。合同中约定李某的月工资为15000元，年终奖根据公司业绩和个人绩效发放。2022年，由于公司业务调整，李某被安排到一个新的项目组，但新项目的技术难度较大，李某感到压力巨大。同年8月，公司因经营不善进行了一次裁员，李某不幸被列入裁员名单。公司提出与李某协商解除劳动合同，并愿意支付“N＋1”个月的补偿金（N为李某在公司工作的年限）。然而，李某认为自己在新项目中表现良好，且裁员程序不透明，要求公司支付“2N”的补偿金。双方协商无果后，李某提起了劳动仲裁申请。

争议焦点：某科技公司与李某解除劳动合同是否合理？补偿金的计算是否合理？

案例分析：

劳动仲裁委员会在审理此案时，首先查明了李某与某科技公司签订的劳动合同内容以及公司裁员的程序和依据。劳动仲裁委员会认为，公司在裁员过程中虽然遵循了一定的程序，但未能充分说明裁员的合理性和必要性，且对李某的工作评价存在主观性。因此，劳动仲裁委员会支持李某的部分诉求，裁决公司支付李某“2N”的补偿金。

本案是一起典型的因劳动合同解除而引发的劳动纠纷案。从案件内容来看，主要涉及以下几个法律问题。

(1)劳动合同解除的程序和条件。根据《中华人民共和国劳动合同法》的规定，用人单位在解除劳动合同时，应当遵循一定的程序，包括提前告知劳动者、说明理由、支付补偿金等。本案中，公司虽然遵循了一定的程序，但未能充分说明裁员的合理性和必要性，导致劳动仲裁委员会对其裁员行为的合法性产生怀疑。

(2)劳动者的经济补偿。在解除劳动合同后，用人单位应当根据劳动者在公司工作的年限和月工资标准支付补偿金。本案中，双方对补偿金的计算方式产生了分歧。劳动仲裁委员会最终支持了李某的诉求，要求公司支付“2N”的补偿金。

(3)劳动者的工作评价。在解除劳动合同的过程中，用人单位对劳动者的工作评价往往成为争议的焦点。本案中，李某认为自己在新项目中表现良好，而公司则认为李某的工作存在不足。这种主观性的评价容易导致双方信任破裂和纠纷升级。

案例启示:

(1)严格遵守法律规定。在处理劳动合同解除等事宜时,用人单位必须严格遵守《中华人民共和国劳动合同法》等相关法律法规,确保程序的合法性和透明度。

(2)确保评估制度公正合理。建立和完善公正、合理的员工绩效评估制度,确保员工的工作表现能够得到客观评价,减少评估不公引发的纠纷。

(3)建立沟通协商机制。建立健全的沟通协商机制,确保在发生劳动争议时,双方能够通过对话和协商解决问题,避免矛盾激化。

(4)保护员工权益。用人单位应重视保护员工权益,尤其是在经济下行压力增大或企业重组、裁员时,应合理安排员工的工作岗位,妥善处理劳动关系,确保员工合法权益不受侵害。

(5)加强法律知识培训。加强对员工的法律知识培训,提高员工的法律意识和维权能力,使员工在面临劳动争议时能够正确维护自己的合法权益。

(6)寻求专业法律服务。在处理较为复杂的劳动争议时,用人单位和员工都可以考虑寻求专业法律人士的帮助,以确保自身权益得到有效维护。

通过上述案例可以看出,无论是用人单位还是劳动者,在处理劳动关系时都应注重遵循法律规范和维护合法权益,共同营造和谐稳定的劳动氛围。

【以案说法 7】公司临时毁约被毕业生起诉案

案例简介:

小高顺利通过多某公司组织的线上与线下面试,收到多某公司发出的“录用通知书”,被录用为大客户部营销经理职务。人力资源部的同事口头告知小高其基本工资为 7000 元,另有提成。小高当即表示接受此录用岗位,同意月底前报到并迅速拒绝了其他公司。就在小高以为“稳了”的时候,却收到了多某公司取消对其录用的通知,小高连连追问原因,得到的回复是:“你很优秀,但是销售能力有所欠缺,老板没有签批。”多次沟通无果,小高将多某公司诉至法院要求其赔偿两个月工资的预期利益损失、交通费等共计 1.5 万余元。

争议焦点:公司临时毁约是否违反诚实信用原则?

案例分析:

法院认为公司违反诚实信用原则,多某公司辩称,根据公司大客户部收到各销售市场的反馈，目前各地销售工作存在重大困难、业绩压力大，用人需求不同以往，需要专业对口，而小高的专业不完全对口，故公司无法继续录用小高。且公司发出录用通知到取消录用不过9天，不足以影响小高失去其他工作机会，小高诉请的预期利益损失不应得到支持。

法院经审理认为多某公司作为上市的股份有限公司理应具备完善的用人体系与招聘方案，承担社会责任，但多某公司发出录用通知书后，在缺乏合理理由的情况下，短时间内取消对小高的录用并怠于消除取消录用小高为其带来的就业不利影响，该行为违反诚实信用原则。根据《中华人民共和国民法典》第五百条，多某公司应当承担缔约过失责任，对小高的损失予以赔偿。

《中华人民共和国民法典》第五百条规定，当事人在订立合同过程中有下列情形之一，造成对方损失的，应当承担赔偿责任：

（一）假借订立合同，恶意进行磋商；

（二）故意隐瞒与订立合同有关的重要事实或者提供虚假情况；

（三）有其他违背诚信原则的行为。

案例启示：

公司根据经营情况的变化解除就业合同，这体现了企业的不诚信经营和对员工的不负责任态度。不遵守合同、临时毁约会给劳动者带来经济和心理上的损失，也可能给企业形象和声誉带来负面影响。企业应树立诚信经营的理念，尽量避免临时毁约的情况发生，并及时与员工沟通，以便找到解决问题的最佳方案。在解除就业合同时，公司应该与毕业生进行公正的协商和磋商，寻求双方满意的解决方案。仅通过通知解除合同，未尽责任劝说及补偿处理，容易引发劳动争议和法律纠纷。大学生在求职中应了解自己的权益和相关法律法规，增强法律意识和维权意识。在面对类似情况时，应积极维护自己的合法权益，并依法采取相应的法律手段进行维权。

第十二章　大学生创业权益保护案例

【以案说法 1】大学生创业商铺租赁“被骗”案

案例简介：

小张是浙江某高校的学生，日前，他在网上看到一则转让打印店的广告后，便萌生了创业的想法。经实地考察，小张发现该打印店位于学校内，生意不错，经营良好，便与该打印店老板周某协商店铺转让事宜。经双方协商一致，周某最终同意以 10 万元的价格将店面转让给小张，并口头承诺在半个月的时间内将开设打印店所需要的相应技术和人脉转让给他，后双方签订了店铺经营转让合同。

不料，在小张把 10 万元转给周某后，周某便消失了。小张慌了神，赶忙找学校确认，才发现这家打印店因存在消防安全隐患将于近期被拆除，而打印店周某与学校签订的合同也早已到期，周某无权转租该店铺，事先周某向他提供的与学校之间的合同也是一份假合同。小张这才发现上了当，向公安机关报案。辖区派出所接案后立即开展调查取证工作，随后将周某抓获，并追回 10 万元诈骗款。

争议焦点：大学生创业中有关商铺租赁的法律常识。

案例分析：

《中华人民共和国民法典》第七百一十六条，承租人经出租人同意，可以将租赁物转租给第三人。承租人转租的，承租人与出租人之间的租赁合同继续有效；第三人造成租赁物损失的，承租人应当赔偿损失。承租人未经出租人同意转租的，出租人可以解除合同。

《中华人民共和国刑法》第二百二十四条，有下列情形之一，以非法占有为目的，在签订、履行合同过程中，骗取对方当事人财物，数额较大的，处三年以下有期徒刑或者拘役，并处或者单处罚金；数额巨大或者有其他严重情节的，处三年以上十年以下有期徒刑，并处罚金；数额特别巨大或者有其他特别严重情节的，处十年以上有期徒刑或者无期徒刑，并处罚金或者没收财产：

（一）以虚构的单位或者冒用他人名义签订合同的；

（二）以伪造、变造、作废的票据或者其他虚假的产权证明作担保的；

（三）没有实际履行能力，以先履行小额合同或者部分履行合同的方法，诱骗对方当事人继续签订和履行合同的；

（四）收受对方当事人给付的货物、货款、预付款或者担保财产后逃匿的；

（五）以其他方法骗取对方当事人财物的。

案例启示：

大学生创业被骗，除了不法分子的违法行为外，大学生法律意识淡薄、警惕性不强、自我保护意识较弱更是给了不法分子可乘之机。大学生创业首先要对创业风险有正确的认识，学习创业相关的法律知识，合理运用维权手段，不能只关注眼前利益，只看重经营绩效，更要注意企业和合作伙伴的经营资质与行业品格，理性思考后再做出决策。

【以案说法 2】大学生创业合同纠纷案

案例简介：

大学刚毕业的王某想自己创业，因被某商业街“打造小吃第一街”的口号所吸引，王某与该商业街管理公司签订租赁合同，合同约定租期一年，租赁费、物业费合计 18000 元，另付 10000 元保证金，公司保证对外宣传到位，王某不得提前解除合同，否则剩余费用和保证金一律不予退还。

可开业不到一个月，店前门可罗雀，王某认为公司宣传不到位，提出解除合同，但遭到拒绝。月底，王某将承租的棚亭腾空，并将现状拍摄成视频发送给了公司工作人员，正式告知对方解除合同并寄送了一份解除合同通知书。

随后，王某要求公司返还其剩余的租金、物业费及保证金，公司以并未同意解除合同为由拒绝了王某的要求，协商未果之下双方对簿公堂。

争议焦点：大学生创业中有关商铺租赁的法律常识。

案例分析：

法院认为，租赁合同系双方真实意思表示，内容不违反法律、行政法规强制性规定，属合法有效，当事人各方均应严格履行。

王某未能证明公司存在宣传管理不到位的违约行为，也不能举证自己要求解除合同的法定事由，故王某单方提出解除合同并自行终止合同的行为不符合法律规定，构成违约，应依法承担违约责任。

在王某做出解除合同的意思和行为表示后，公司一方明知王某不再履行合同，也未在合理期限内请求继续履行，故应终止案涉租赁合同履行，公司一方应采取合理的方式避免损失扩大，对于人为扩大的损失，该公司自行承担。

关于合同中违约责任的约定，该合同条款不合理地加重了承租人的责任，且未举证证明对该条款履行了提示或说明义务，故应综合合同实际履行情况以及出租方损失情况酌定王某应承担的违约责任，法院一审判令该公司退还王某22000元。

案例启示：

王某"创业梦"的破碎，给更多心怀"创业梦"的大学生敲响了警钟。凡事多问"为什么"，切莫轻信大意。凡事一步一个脚印，切莫急于求成。在创业初期，创业者就必须注意防范创业法律风险，增强风险管理意识。

附录一　相关法律

中华人民共和国就业促进法

第一章　总则

第一条　为了促进就业，促进经济发展与扩大就业相协调，促进社会和谐稳定，制定本法。

第二条　国家把扩大就业放在经济社会发展的突出位置，实施积极的就业政策，坚持劳动者自主择业、市场调节就业、政府促进就业的方针，多渠道扩大就业。

第三条　劳动者依法享有平等就业和自主择业的权利。

劳动者就业，不因民族、种族、性别、宗教信仰等不同而受歧视。

第四条　县级以上人民政府把扩大就业作为经济和社会发展的重要目标，纳入国民经济和社会发展规划，并制定促进就业的中长期规划和年度工作计划。

第五条　县级以上人民政府通过发展经济和调整产业结构、规范人力资源市场、完善就业服务、加强职业教育和培训、提供就业援助等措施，创造就业条件，扩大就业。

第六条　国务院建立全国促进就业工作协调机制，研究就业工作中的重大问题，协调推动全国的促进就业工作。国务院劳动行政部门具体负责全国的促进就业工作。

省、自治区、直辖市人民政府根据促进就业工作的需要，建立促进就业工作协调机制，协调解决本行政区域就业工作中的重大问题。

县级以上人民政府有关部门按照各自的职责分工，共同做好促进就业工作。

第七条　国家倡导劳动者树立正确的择业观念，提高就业能力和创业能力；鼓励劳动者自主创业、自谋职业。

各级人民政府和有关部门应当简化程序，提高效率，为劳动者自主创业、自谋职业提供便利。

第八条　用人单位依法享有自主用人的权利。

用人单位应当依照本法以及其他法律、法规的规定，保障劳动者的合法权益。

第九条　工会、共产主义青年团、妇女联合会、残疾人联合会以及其他社会组织，协助人民政府开展促进就业工作，依法维护劳动者的劳动权利。

第十条　各级人民政府和有关部门对在促进就业工作中作出显著成绩的单位和个人，给予表彰和奖励。

第二章　政策支持

第十一条　县级以上人民政府应当把扩大就业作为重要职责，统筹协调产业政策与就业政策。

第十二条　国家鼓励各类企业在法律、法规规定的范围内，通过兴办产业或者拓展经营，增加就业岗位。

国家鼓励发展劳动密集型产业、服务业，扶持中小企业，多渠道、多方式增加就业岗位。

国家鼓励、支持、引导非公有制经济发展，扩大就业，增加就业岗位。

第十三条　国家发展国内外贸易和国际经济合作，拓宽就业渠道。

第十四条　县级以上人民政府在安排政府投资和确定重大建设项目时，应当发挥投资和重大建设项目带动就业的作用，增加就业岗位。

第十五条　国家实行有利于促进就业的财政政策，加大资金投入，改善就业环境，扩大就业。

县级以上人民政府应当根据就业状况和就业工作目标，在财政预算中安排就业专项资金用于促进就业工作。

就业专项资金用于职业介绍、职业培训、公益性岗位、职业技能鉴定、特定就业政策和社会保险等的补贴，小额贷款担保基金和微利项目的小额担保贷款贴息，以及扶持公共就业服务等。就业专项资金的使用管理办法由国务院财政部门和劳动行政部门规定。

第十六条　国家建立健全失业保险制度，依法确保失业人员的基本生活，并促进其实现就业。

第十七条　国家鼓励企业增加就业岗位，扶持失业人员和残疾人就业，对下列企业、人员依法给予税收优惠：

（一）吸纳符合国家规定条件的失业人员达到规定要求的企业；

（二）失业人员创办的中小企业；

（三）安置残疾人员达到规定比例或者集中使用残疾人的企业；

（四）从事个体经营的符合国家规定条件的失业人员；

（五）从事个体经营的残疾人；

（六）国务院规定给予税收优惠的其他企业、人员。

第十八条　对本法第十七条第四项、第五项规定的人员，有关部门应当在经营场地等方面给予照顾，免除行政事业性收费。

第十九条　国家实行有利于促进就业的金融政策，增加中小企业的融资渠道；鼓励金融机构改进金融服务，加大对中小企业的信贷支持，并对自主创业人员在一定期限内给予小额信贷等扶持。

第二十条　国家实行城乡统筹的就业政策，建立健全城乡劳动者平等就业的制度，引导农业富余劳动力有序转移就业。

县级以上地方人民政府推进小城镇建设和加快县域经济发展，引导农业富余劳动力就地就近转移就业；在制定小城镇规划时，将本地区农业富余劳动力转移就业作为重要内容。

县级以上地方人民政府引导农业富余劳动力有序向城市异地转移就业；劳动力输出地和输入地人民政府应当互相配合，改善农村劳动者进城就业的环境和条件。

第二十一条　国家支持区域经济发展，鼓励区域协作，统筹协调不同地区就业的均衡增长。

国家支持民族地区发展经济，扩大就业。

第二十二条　各级人民政府统筹做好城镇新增劳动力就业、农业富余劳动力转移就业和失业人员就业工作。

第二十三条　各级人民政府采取措施，逐步完善和实施与非全日制用工等灵活就业相适应的劳动和社会保险政策，为灵活就业人员提供帮助和服务。

第二十四条　地方各级人民政府和有关部门应当加强对失业人员从事个体经营的指导，提供政策咨询、就业培训和开业指导等服务。

第三章　公平就业

第二十五条　各级人民政府创造公平就业的环境，消除就业歧视，制定政策并采取措施对就业困难人员给予扶持和援助。

第二十六条　用人单位招用人员、职业中介机构从事职业中介活动，应当向劳动者提供平等的就业机会和公平的就业条件，不得实施就业歧视。

第二十七条　国家保障妇女享有与男子平等的劳动权利。

用人单位招用人员，除国家规定的不适合妇女的工种或者岗位外，不得以性别为由拒绝录用妇女或者提高对妇女的录用标准。

用人单位录用女职工，不得在劳动合同中规定限制女职工结婚、生育的内容。

第二十八条　各民族劳动者享有平等的劳动权利。

用人单位招用人员，应当依法对少数民族劳动者给予适当照顾。

第二十九条　国家保障残疾人的劳动权利。

各级人民政府应当对残疾人就业统筹规划，为残疾人创造就业条件。

用人单位招用人员，不得歧视残疾人。

第三十条　用人单位招用人员，不得以是传染病病原携带者为由拒绝录用。但是，经医学鉴定传染病病原携带者在治愈前或者排除传染嫌疑前，不得从事法律、行政法规和国务院卫生行政部门规定禁止从事的易使传染病扩散的工作。

第三十一条　农村劳动者进城就业享有与城镇劳动者平等的劳动权利，不得对农村劳动者进城就业设置歧视性限制。

第四章　就业服务和管理

第三十二条　县级以上人民政府培育和完善统一开放、竞争有序的人力资源市场，为劳动者就业提供服务。

第三十三条　县级以上人民政府鼓励社会各方面依法开展就业服务活动，加强对公共就业服务和职业中介服务的指导和监督，逐步完善覆盖城乡的就业服务体系。

第三十四条　县级以上人民政府加强人力资源市场信息网络及相关设施

建设，建立健全人力资源市场信息服务体系，完善市场信息发布制度。

第三十五条　县级以上人民政府建立健全公共就业服务体系，设立公共就业服务机构，为劳动者免费提供下列服务：

（一）就业政策法规咨询；

（二）职业供求信息、市场工资指导价位信息和职业培训信息发布；

（三）职业指导和职业介绍；

（四）对就业困难人员实施就业援助；

（五）办理就业登记、失业登记等事务；

（六）其他公共就业服务。

公共就业服务机构应当不断提高服务的质量和效率，不得从事经营性活动。

公共就业服务经费纳入同级财政预算。

第三十六条　县级以上地方人民政府对职业中介机构提供公益性就业服务的，按照规定给予补贴。

国家鼓励社会各界为公益性就业服务提供捐赠、资助。

第三十七条　地方各级人民政府和有关部门不得举办或者与他人联合举办经营性的职业中介机构。

地方各级人民政府和有关部门、公共就业服务机构举办的招聘会，不得向劳动者收取费用。

第三十八条　县级以上人民政府和有关部门加强对职业中介机构的管理，鼓励其提高服务质量，发挥其在促进就业中的作用。

第三十九条　从事职业中介活动，应当遵循合法、诚实信用、公平、公开的原则。

用人单位通过职业中介机构招用人员，应当如实向职业中介机构提供岗位需求信息。

禁止任何组织或者个人利用职业中介活动侵害劳动者的合法权益。

第四十条　设立职业中介机构应当具备下列条件：

（一）有明确的章程和管理制度；

（二）有开展业务必备的固定场所、办公设施和一定数额的开办资金；

（三）有一定数量具备相应职业资格的专职工作人员；

（四）法律、法规规定的其他条件。

设立职业中介机构应当在工商行政管理部门办理登记后，向劳动行政部门申请行政许可。

未经依法许可和登记的机构,不得从事职业中介活动。

国家对外商投资职业中介机构和向劳动者提供境外就业服务的职业中介机构另有规定的,依照其规定。

第四十一条　职业中介机构不得有下列行为:

(一)提供虚假就业信息;

(二)为无合法证照的用人单位提供职业中介服务;

(三)伪造、涂改、转让职业中介许可证;

(四)扣押劳动者的居民身份证和其他证件,或者向劳动者收取押金;

(五)其他违反法律、法规规定的行为。

第四十二条　县级以上人民政府建立失业预警制度,对可能出现的较大规模的失业,实施预防、调节和控制。

第四十三条　国家建立劳动力调查统计制度和就业登记、失业登记制度,开展劳动力资源和就业、失业状况调查统计,并公布调查统计结果。

统计部门和劳动行政部门进行劳动力调查统计和就业、失业登记时,用人单位和个人应当如实提供调查统计和登记所需要的情况。

第五章　职业教育和培训

第四十四条　国家依法发展职业教育,鼓励开展职业培训,促进劳动者提高职业技能,增强就业能力和创业能力。

第四十五条　县级以上人民政府根据经济社会发展和市场需求,制定并实施职业能力开发计划。

第四十六条　县级以上人民政府加强统筹协调,鼓励和支持各类职业院校、职业技能培训机构和用人单位依法开展就业前培训、在职培训、再就业培训和创业培训;鼓励劳动者参加各种形式的培训。

第四十七条　县级以上地方人民政府和有关部门根据市场需求和产业发展方向,鼓励、指导企业加强职业教育和培训。

职业院校、职业技能培训机构与企业应当密切联系,实行产教结合,为经济建设服务,培养实用人才和熟练劳动者。

企业应当按照国家有关规定提取职工教育经费,对劳动者进行职业技能培训和继续教育培训。

第四十八条　国家采取措施建立健全劳动预备制度,县级以上地方人民政府对有就业要求的初高中毕业生实行一定期限的职业教育和培训，使其取得相应的职业资格或者掌握一定的职业技能。

第四十九条　地方各级人民政府鼓励和支持开展就业培训，帮助失业人员提高职业技能，增强其就业能力和创业能力。失业人员参加就业培训的，按照有关规定享受政府培训补贴。

第五十条　地方各级人民政府采取有效措施，组织和引导进城就业的农村劳动者参加技能培训，鼓励各类培训机构为进城就业的农村劳动者提供技能培训，增强其就业能力和创业能力。

第五十一条　国家对从事涉及公共安全、人身健康、生命财产安全等特殊工种的劳动者，实行职业资格证书制度，具体办法由国务院规定。

第六章　就业援助

第五十二条　各级人民政府建立健全就业援助制度，采取税费减免、贷款贴息、社会保险补贴、岗位补贴等办法，通过公益性岗位安置等途径，对就业困难人员实行优先扶持和重点帮助。

就业困难人员是指因身体状况、技能水平、家庭因素、失去土地等原因难以实现就业，以及连续失业一定时间仍未能实现就业的人员。就业困难人员的具体范围，由省、自治区、直辖市人民政府根据本行政区域的实际情况规定。

第五十三条　政府投资开发的公益性岗位，应当优先安排符合岗位要求的就业困难人员。被安排在公益性岗位工作的，按照国家规定给予岗位补贴。

第五十四条　地方各级人民政府加强基层就业援助服务工作，对就业困难人员实施重点帮助，提供有针对性的就业服务和公益性岗位援助。

地方各级人民政府鼓励和支持社会各方面为就业困难人员提供技能培训、岗位信息等服务。

第五十五条　各级人民政府采取特别扶助措施，促进残疾人就业。

用人单位应当按照国家规定安排残疾人就业，具体办法由国务院规定。

第五十六条　县级以上地方人民政府采取多种就业形式，拓宽公益性岗位范围，开发就业岗位，确保城市有就业需求的家庭至少有一人实现就业。

法定劳动年龄内的家庭人员均处于失业状况的城市居民家庭，可以向住所地街道、社区公共就业服务机构申请就业援助。街道、社区公共就业服务机构经确认属实的，应当为该家庭中至少一人提供适当的就业岗位。

第五十七条　国家鼓励资源开采型城市和独立工矿区发展与市场需求相

适应的产业，引导劳动者转移就业。

对因资源枯竭或者经济结构调整等原因造成就业困难人员集中的地区，上级人民政府应当给予必要的扶持和帮助。

第七章　监督检查

第五十八条　各级人民政府和有关部门应当建立促进就业的目标责任制度。县级以上人民政府按照促进就业目标责任制的要求，对所属的有关部门和下一级人民政府进行考核和监督。

第五十九条　审计机关、财政部门应当依法对就业专项资金的管理和使用情况进行监督检查。

第六十条　劳动行政部门应当对本法实施情况进行监督检查，建立举报制度，受理对违反本法行为的举报，并及时予以核实、处理。

第八章　法律责任

第六十一条　违反本法规定，劳动行政等有关部门及其工作人员滥用职权、玩忽职守、徇私舞弊的，对直接负责的主管人员和其他直接责任人员依法给予处分。

第六十二条　违反本法规定，实施就业歧视的，劳动者可以向人民法院提起诉讼。

第六十三条　违反本法规定，地方各级人民政府和有关部门、公共就业服务机构举办经营性的职业中介机构，从事经营性职业中介活动，向劳动者收取费用的，由上级主管机关责令限期改正，将违法收取的费用退还劳动者，并对直接负责的主管人员和其他直接责任人员依法给予处分。

第六十四条　违反本法规定，未经许可和登记，擅自从事职业中介活动的，由劳动行政部门或者其他主管部门依法予以关闭；有违法所得的，没收违法所得，并处一万元以上五万元以下的罚款。

第六十五条　违反本法规定，职业中介机构提供虚假就业信息，为无合法证照的用人单位提供职业中介服务，伪造、涂改、转让职业中介许可证的，由劳动行政部门或者其他主管部门责令改正；有违法所得的，没收违法所得，并处一万元以上五万元以下的罚款；情节严重的，吊销职业中介许可证。

第六十六条　违反本法规定，职业中介机构扣押劳动者居民身份证等证件的，由劳动行政部门责令限期退还劳动者，并依照有关法律规定给予处罚。

违反本法规定，职业中介机构向劳动者收取押金的，由劳动行政部门责令限期退还劳动者，并以每人五百元以上二千元以下的标准处以罚款。

第六十七条　违反本法规定，企业未按照国家规定提取职工教育经费，或者挪用职工教育经费的，由劳动行政部门责令改正，并依法给予处罚。

第六十八条　违反本法规定，侵害劳动者合法权益，造成财产损失或者其他损害的，依法承担民事责任；构成犯罪的，依法追究刑事责任。

第九章　附则

第六十九条　本法自2008年1月1日起施行。

中华人民共和国劳动法

第一章　总则

第一条　为了保护劳动者的合法权益，调整劳动关系，建立和维护适应社会主义市场经济的劳动制度，促进经济发展和社会进步，根据宪法，制定本法。

第二条　在中华人民共和国境内的企业、个体经济组织（以下统称用人单位）和与之形成劳动关系的劳动者，适用本法。

国家机关、事业组织、社会团体和与之建立劳动合同关系的劳动者，依照本法执行。

第三条　劳动者享有平等就业和选择职业的权利、取得劳动报酬的权利、休息休假的权利、获得劳动安全卫生保护的权利、接受职业技能培训的权利、享受社会保险和福利的权利、提请劳动争议处理的权利以及法律规定的其他劳动权利。

劳动者应当完成劳动任务，提高职业技能，执行劳动安全卫生规程，遵守劳动纪律和职业道德。

第四条　用人单位应当依法建立和完善规章制度，保障劳动者享有劳动权利和履行劳动义务。

第五条　国家采取各种措施，促进劳动就业，发展职业教育，制定劳动标准，调节社会收入，完善社会保险，协调劳动关系，逐步提高劳动者的生活水平。

第六条　国家提倡劳动者参加社会义务劳动，开展劳动竞赛和合理化建议活动，鼓励和保护劳动者进行科学研究、技术革新和发明创造，表彰和奖励劳动模范和先进工作者。

第七条　劳动者有权依法参加和组织工会。

工会代表和维护劳动者的合法权益，依法独立自主地开展活动。

第八条　劳动者依照法律规定，通过职工大会、职工代表大会或者其他形式，参与民主管理或者就保护劳动者合法权益与用人单位进行平等协商。

第九条　国务院劳动行政部门主管全国劳动工作。

县级以上地方人民政府劳动行政部门主管本行政区域内的劳动工作。

第二章　促进就业

第十条　国家通过促进经济和社会发展，创造就业条件，扩大就业机会。

国家鼓励企业、事业组织、社会团体在法律、行政法规规定的范围内兴办产业或者拓展经营，增加就业。

国家支持劳动者自愿组织起来就业和从事个体经营实现就业。

第十一条　地方各级人民政府应当采取措施，发展多种类型的职业介绍机构，提供就业服务。

第十二条　劳动者就业，不因民族、种族、性别、宗教信仰不同而受歧视。

第十三条　妇女享有与男子平等的就业权利。在录用职工时，除国家规定的不适合妇女的工种或者岗位外，不得以性别为由拒绝录用妇女或者提高对妇女的录用标准。

第十四条　残疾人、少数民族人员、退出现役的军人的就业，法律、法规有特别规定的，从其规定。

第十五条　禁止用人单位招用未满十六周岁的未成年人。

文艺、体育和特种工艺单位招用未满十六周岁的未成年人，必须遵守国家有关规定，并保障其接受义务教育的权利。

第三章　劳动合同和集体合同

第十六条　劳动合同是劳动者与用人单位确立劳动关系、明确双方权利和义务的协议。

建立劳动关系应当订立劳动合同。

第十七条　订立和变更劳动合同，应当遵循平等自愿、协商一致的原则，不得违反法律、行政法规的规定。

劳动合同依法订立即具有法律约束力，当事人必须履行劳动合同规定的义务。

第十八条　下列劳动合同无效：

（一）违反法律、行政法规的劳动合同；

（二）采取欺诈、威胁等手段订立的劳动合同。

无效的劳动合同，从订立的时候起，就没有法律约束力。确认劳动合同部分无效的，如果不影响其余部分的效力，其余部分仍然有效。

劳动合同的无效，由劳动争议仲裁委员会或者人民法院确认。

第十九条　劳动合同应当以书面形式订立，并具备以下条款：

（一）劳动合同期限；

（二）工作内容；

(三)劳动保护和劳动条件;

(四)劳动报酬;

(五)劳动纪律;

(六)劳动合同终止的条件;

(七)违反劳动合同的责任。

劳动合同除前款规定的必备条款外,当事人可以协商约定其他内容。

第二十条　劳动合同的期限分为有固定期限、无固定期限和以完成一定的工作为期限。

劳动者在同一用人单位连续工作满十年以上,当事人双方同意续延劳动合同的,如果劳动者提出订立无固定期限的劳动合同,应当订立无固定期限的劳动合同。

第二十一条　劳动合同可以约定试用期。试用期最长不得超过六个月。

第二十二条　劳动合同当事人可以在劳动合同中约定保守用人单位商业秘密的有关事项。

第二十三条　劳动合同期满或者当事人约定的劳动合同终止条件出现,劳动合同即行终止。

第二十四条　经劳动合同当事人协商一致,劳动合同可以解除。

第二十五条　劳动者有下列情形之一的,用人单位可以解除劳动合同:

(一)在试用期间被证明不符合录用条件的;

(二)严重违反劳动纪律或者用人单位规章制度的;

(三)严重失职,营私舞弊,对用人单位利益造成重大损害的;

(四)被依法追究刑事责任的。

第二十六条　有下列情形之一的,用人单位可以解除劳动合同,但是应当提前三十日以书面形式通知劳动者本人:

(一)劳动者患病或者非因工负伤,医疗期满后,不能从事原工作也不能从事由用人单位另行安排的工作的;

(二)劳动者不能胜任工作,经过培训或者调整工作岗位,仍不能胜任工作的;

(三)劳动合同订立时所依据的客观情况发生重大变化,致使原劳动合同无法履行,经当事人协商不能就变更劳动合同达成协议的。

第二十七条　用人单位濒临破产进行法定整顿期间或者生产经营状况发生严重困难,确需裁减人员的,应当提前三十日向工会或者全体职工说明情况,听取工会或者职工的意见，经向劳动行政部门报告后，可以裁减人员。

用人单位依据本条规定裁减人员，在六个月内录用人员的，应当优先录用被裁减的人员。

第二十八条　用人单位依据本法第二十四条、第二十六条、第二十七条的规定解除劳动合同的，应当依照国家有关规定给予经济补偿。

第二十九条　劳动者有下列情形之一的，用人单位不得依据本法第二十六条、第二十七条的规定解除劳动合同：

（一）患职业病或者因工负伤并被确认丧失或者部分丧失劳动能力的；

（二）患病或者负伤，在规定的医疗期内的；

（三）女职工在孕期、产期、哺乳期内的；

（四）法律、行政法规规定的其他情形。

第三十条　用人单位解除劳动合同，工会认为不适当的，有权提出意见。如果用人单位违反法律、法规或者劳动合同，工会有权要求重新处理；劳动者申请仲裁或者提起诉讼的，工会应当依法给予支持和帮助。

第三十一条　劳动者解除劳动合同，应当提前三十日以书面形式通知用人单位。

第三十二条　有下列情形之一的，劳动者可以随时通知用人单位解除劳动合同：

（一）在试用期内的；

（二）用人单位以暴力、威胁或者非法限制人身自由的手段强迫劳动的；

（三）用人单位未按照劳动合同约定支付劳动报酬或者提供劳动条件的。

第三十三条　企业职工一方与企业可以就劳动报酬、工作时间、休息休假、劳动安全卫生、保险福利等事项，签订集体合同。集体合同草案应当提交职工代表大会或者全体职工讨论通过。

集体合同由工会代表职工与企业签订；没有建立工会的企业，由职工推举的代表与企业签订。

第三十四条　集体合同签订后应当报送劳动行政部门；劳动行政部门自收到集体合同文本之日起十五日内未提出异议的，集体合同即行生效。

第三十五条　依法签订的集体合同对企业和企业全体职工具有约束力。职工个人与企业订立的劳动合同中劳动条件和劳动报酬等标准不得低于集体合同的规定。

第四章　工作时间和休息休假

第三十六条　国家实行劳动者每日工作时间不超过八小时、平均每周工作时间不超过四十四小时的工时制度。

第三十七条　对实行计件工作的劳动者，用人单位应当根据本法第三十六条规定的工时制度合理确定其劳动定额和计件报酬标准。

第三十八条　用人单位应当保证劳动者每周至少休息一日。

第三十九条　企业因生产特点不能实行本法第三十六条、第三十八条规定的，经劳动行政部门批准，可以实行其他工作和休息办法。

第四十条　用人单位在下列节日期间应当依法安排劳动者休假：

(一)元旦；

(二)春节；

(三)国际劳动节；

(四)国庆节；

(五)法律、法规规定的其他休假节日。

第四十一条　用人单位由于生产经营需要，经与工会和劳动者协商后可以延长工作时间，一般每日不得超过一小时；因特殊原因需要延长工作时间的，在保障劳动者身体健康的条件下延长工作时间每日不得超过三小时，但是每月不得超过三十六小时。

第四十二条　有下列情形之一的，延长工作时间不受本法第四十一条规定的限制：

(一)发生自然灾害、事故或者因其他原因，威胁劳动者生命健康和财产安全，需要紧急处理的；

(二)生产设备、交通运输线路、公共设施发生故障，影响生产和公众利益，必须及时抢修的；

(三)法律、行政法规规定的其他情形。

第四十三条　用人单位不得违反本法规定延长劳动者的工作时间。

第四十四条　有下列情形之一的，用人单位应当按照下列标准支付高于劳动者正常工作时间工资的工资报酬：

(一)安排劳动者延长工作时间的，支付不低于工资的百分之一百五十的工资报酬；

(二)休息日安排劳动者工作又不能安排补休的，支付不低于工资的百分之二百的工资报酬；

（三）法定休假日安排劳动者工作的，支付不低于工资的百分之三百的工资报酬。

第四十五条　国家实行带薪年休假制度。

劳动者连续工作一年以上的，享受带薪年休假。具体办法由国务院规定。

第五章　工资

第四十六条　工资分配应当遵循按劳分配原则，实行同工同酬。

工资水平在经济发展的基础上逐步提高。国家对工资总量实行宏观调控。

第四十七条　用人单位根据本单位的生产经营特点和经济效益，依法自主确定本单位的工资分配方式和工资水平。

第四十八条　国家实行最低工资保障制度。最低工资的具体标准由省、自治区、直辖市人民政府规定，报国务院备案。

用人单位支付劳动者的工资不得低于当地最低工资标准。

第四十九条　确定和调整最低工资标准应当综合参考下列因素：

（一）劳动者本人及平均赡养人口的最低生活费用；

（二）社会平均工资水平；

（三）劳动生产率；

（四）就业状况；

（五）地区之间经济发展水平的差异。

第五十条　工资应当以货币形式按月支付给劳动者本人。不得克扣或者无故拖欠劳动者的工资。

第五十一条　劳动者在法定休假日和婚丧假期间以及依法参加社会活动期间，用人单位应当依法支付工资。

第六章　劳动安全卫生

第五十二条　用人单位必须建立、健全劳动安全卫生制度，严格执行国家劳动安全卫生规程和标准，对劳动者进行劳动安全卫生教育，防止劳动过程中的事故，减少职业危害。

第五十三条　劳动安全卫生设施必须符合国家规定的标准。

新建、改建、扩建工程的劳动安全卫生设施必须与主体工程同时设计、同时施工、同时投入生产和使用。

第五十四条　用人单位必须为劳动者提供符合国家规定的劳动安全卫生条件和必要的劳动防护用品，对从事有职业危害作业的劳动者应当定期进行健康检查。

第五十五条　从事特种作业的劳动者必须经过专门培训并取得特种作业资格。

第五十六条　劳动者在劳动过程中必须严格遵守安全操作规程。

劳动者对用人单位管理人员违章指挥、强令冒险作业，有权拒绝执行；对危害生命安全和身体健康的行为，有权提出批评、检举和控告。

第五十七条　国家建立伤亡事故和职业病统计报告和处理制度。县级以上各级人民政府劳动行政部门、有关部门和用人单位应当依法对劳动者在劳动过程中发生的伤亡事故和劳动者的职业病状况，进行统计、报告和处理。

第七章　女职工和未成年工特殊保护

第五十八条　国家对女职工和未成年工实行特殊劳动保护。

未成年工是指年满十六周岁未满十八周岁的劳动者。

第五十九条　禁止安排女职工从事矿山井下、国家规定的第四级体力劳动强度的劳动和其他禁忌从事的劳动。

第六十条　不得安排女职工在经期从事高处、低温、冷水作业和国家规定的第三级体力劳动强度的劳动。

第六十一条　不得安排女职工在怀孕期间从事国家规定的第三级体力劳动强度的劳动和孕期禁忌从事的劳动。对怀孕七个月以上的女职工，不得安排其延长工作时间和夜班劳动。

第六十二条　女职工生育享受不少于九十天的产假。

第六十三条　不得安排女职工在哺乳未满一周岁的婴儿期间从事国家规定的第三级体力劳动强度的劳动和哺乳期禁忌从事的其他劳动，不得安排其延长工作时间和夜班劳动。

第六十四条　不得安排未成年工从事矿山井下、有毒有害、国家规定的第四级体力劳动强度的劳动和其他禁忌从事的劳动。

第六十五条　用人单位应当对未成年工定期进行健康检查。

第八章　职业培训

第六十六条　国家通过各种途径，采取各种措施，发展职业培训事业，开发劳动者的职业技能，提高劳动者素质，增强劳动者的就业能力和工作能力。

第六十七条　各级人民政府应当把发展职业培训纳入社会经济发展的规划，鼓励和支持有条件的企业、事业组织、社会团体和个人进行各种形式的职业培训。

第六十八条　用人单位应当建立职业培训制度，按照国家规定提取和使用职业培训经费，根据本单位实际，有计划地对劳动者进行职业培训。

从事技术工种的劳动者，上岗前必须经过培训。

第六十九条　国家确定职业分类，对规定的职业制定职业技能标准，实行职业资格证书制度，由经备案的考核鉴定机构负责对劳动者实施职业技能考核鉴定。

第九章　社会保险和福利

第七十条　国家发展社会保险事业，建立社会保险制度，设立社会保险基金，使劳动者在年老、患病、工伤、失业、生育等情况下获得帮助和补偿。

第七十一条　社会保险水平应当与社会经济发展水平和社会承受能力相适应。

第七十二条　社会保险基金按照保险类型确定资金来源，逐步实行社会统筹。用人单位和劳动者必须依法参加社会保险，缴纳社会保险费。

第七十三条　劳动者在下列情形下，依法享受社会保险待遇：

（一）退休；

（二）患病、负伤；

（三）因工伤残或者患职业病；

（四）失业；

（五）生育。

劳动者死亡后，其遗属依法享受遗属津贴。

劳动者享受社会保险待遇的条件和标准由法律、法规规定。

劳动者享受的社会保险金必须按时足额支付。

第七十四条　社会保险基金经办机构依照法律规定收支、管理和运营社会保险基金，并负有使社会保险基金保值增值的责任。

社会保险基金监督机构依照法律规定，对社会保险基金的收支、管理和运营实施监督。

社会保险基金经办机构和社会保险基金监督机构的设立和职能由法律

规定。

任何组织和个人不得挪用社会保险基金。

第七十五条　国家鼓励用人单位根据本单位实际情况为劳动者建立补充保险。

国家提倡劳动者个人进行储蓄性保险。

第七十六条　国家发展社会福利事业，兴建公共福利设施，为劳动者休息、休养和疗养提供条件。

用人单位应当创造条件，改善集体福利，提高劳动者的福利待遇。

第十章　劳动争议

第七十七条　用人单位与劳动者发生劳动争议，当事人可以依法申请调解、仲裁、提起诉讼，也可以协商解决。

调解原则适用于仲裁和诉讼程序。

第七十八条　解决劳动争议，应当根据合法、公正、及时处理的原则，依法维护劳动争议当事人的合法权益。

第七十九条　劳动争议发生后，当事人可以向本单位劳动争议调解委员会申请调解；调解不成，当事人一方要求仲裁的，可以向劳动争议仲裁委员会申请仲裁。当事人一方也可以直接向劳动争议仲裁委员会申请仲裁。对仲裁裁决不服的，可以向人民法院提起诉讼。

第八十条　在用人单位内，可以设立劳动争议调解委员会。劳动争议调解委员会由职工代表、用人单位代表和工会代表组成。劳动争议调解委员会主任由工会代表担任。

劳动争议经调解达成协议的，当事人应当履行。

第八十一条　劳动争议仲裁委员会由劳动行政部门代表、同级工会代表、用人单位方面的代表组成。劳动争议仲裁委员会主任由劳动行政部门代表担任。

第八十二条　提出仲裁要求的一方应当自劳动争议发生之日起六十日内向劳动争议仲裁委员会提出书面申请。仲裁裁决一般应在收到仲裁申请的六十日内作出。对仲裁裁决无异议的，当事人必须履行。

第八十三条　劳动争议当事人对仲裁裁决不服的，可以自收到仲裁裁决书之日起十五日内向人民法院提起诉讼。一方当事人在法定期限内不起诉又不履行仲裁裁决的，另一方当事人可以申请人民法院强制执行。

第八十四条　因签订集体合同发生争议，当事人协商解决不成的，当地人民政府劳动行政部门可以组织有关各方协调处理。

因履行集体合同发生争议，当事人协商解决不成的，可以向劳动争议仲裁委员会申请仲裁；对仲裁裁决不服的，可以自收到仲裁裁决书之日起十五日内向人民法院提起诉讼。

第十一章　监督检查

第八十五条　县级以上各级人民政府劳动行政部门依法对用人单位遵守劳动法律、法规的情况进行监督检查，对违反劳动法律、法规的行为有权制止，并责令改正。

第八十六条　县级以上各级人民政府劳动行政部门监督检查人员执行公务，有权进入用人单位了解执行劳动法律、法规的情况，查阅必要的资料，并对劳动场所进行检查。

县级以上各级人民政府劳动行政部门监督检查人员执行公务，必须出示证件，秉公执法并遵守有关规定。

第八十七条　县级以上各级人民政府有关部门在各自职责范围内，对用人单位遵守劳动法律、法规的情况进行监督。

第八十八条　各级工会依法维护劳动者的合法权益，对用人单位遵守劳动法律、法规的情况进行监督。

任何组织和个人对于违反劳动法律、法规的行为有权检举和控告。

第十二章　法律责任

第八十九条　用人单位制定的劳动规章制度违反法律、法规规定的，由劳动行政部门给予警告，责令改正；对劳动者造成损害的，应当承担赔偿责任。

第九十条　用人单位违反本法规定，延长劳动者工作时间的，由劳动行政部门给予警告，责令改正，并可以处以罚款。

第九十一条　用人单位有下列侵害劳动者合法权益情形之一的，由劳动行政部门责令支付劳动者的工资报酬、经济补偿，并可以责令支付赔偿金：

（一）克扣或者无故拖欠劳动者工资的；

（二）拒不支付劳动者延长工作时间工资报酬的；

（三）低于当地最低工资标准支付劳动者工资的；

（四）解除劳动合同后，未依照本法规定给予劳动者经济补偿的。

第九十二条　用人单位的劳动安全设施和劳动卫生条件不符合国家规定或者未向劳动者提供必要的劳动防护用品和劳动保护设施的，由劳动行政部门或者有关部门责令改正，可以处以罚款；情节严重的，提请县级以上人民政府决定责令停产整顿；对事故隐患不采取措施，致使发生重大事故，造成劳动者生命和财产损失的，对责任人员依照刑法有关规定追究刑事责任。

第九十三条　用人单位强令劳动者违章冒险作业，发生重大伤亡事故，造成严重后果的，对责任人员依法追究刑事责任。

第九十四条　用人单位非法招用未满十六周岁的未成年人的，由劳动行政部门责令改正，处以罚款；情节严重的，由市场监督管理部门吊销营业执照。

第九十五条　用人单位违反本法对女职工和未成年工的保护规定，侵害其合法权益的，由劳动行政部门责令改正，处以罚款；对女职工或者未成年工造成损害的，应当承担赔偿责任。

第九十六条　用人单位有下列行为之一，由公安机关对责任人员处以十五日以下拘留、罚款或者警告；构成犯罪的，对责任人员依法追究刑事责任：

（一）以暴力、威胁或者非法限制人身自由的手段强迫劳动的；

（二）侮辱、体罚、殴打、非法搜查和拘禁劳动者的。

第九十七条　由于用人单位的原因订立的无效合同，对劳动者造成损害的，应当承担赔偿责任。

第九十八条　用人单位违反本法规定的条件解除劳动合同或者故意拖延不订立劳动合同的，由劳动行政部门责令改正；对劳动者造成损害的，应当承担赔偿责任。

第九十九条　用人单位招用尚未解除劳动合同的劳动者，对原用人单位造成经济损失的，该用人单位应当依法承担连带赔偿责任。

第一百条　用人单位无故不缴纳社会保险费的，由劳动行政部门责令其限期缴纳；逾期不缴的，可以加收滞纳金。

第一百零一条　用人单位无理阻挠劳动行政部门、有关部门及其工作人员行使监督检查权，打击报复举报人员的，由劳动行政部门或者有关部门处以罚款；构成犯罪的，对责任人员依法追究刑事责任。

第一百零二条　劳动者违反本法规定的条件解除劳动合同或者违反劳动合同中约定的保密事项，对用人单位造成经济损失的，应当依法承担赔偿责任。

第一百零三条　劳动行政部门或者有关部门的工作人员滥用职权、玩忽职守、徇私舞弊，构成犯罪的，依法追究刑事责任；不构成犯罪的，给予行政处分。

第一百零四条　国家工作人员和社会保险基金经办机构的工作人员挪用社会保险基金，构成犯罪的，依法追究刑事责任。

第一百零五条　违反本法规定侵害劳动者合法权益，其他法律、行政法规已规定处罚的，依照该法律、行政法规的规定处罚。

第十三章　附则

第一百零六条　省、自治区、直辖市人民政府根据本法和本地区的实际情况，规定劳动合同制度的实施步骤，报国务院备案。

第一百零七条　本法自 1995 年 1 月 1 日起施行。

中华人民共和国劳动合同法

第一章 总则

第一条 为了完善劳动合同制度，明确劳动合同双方当事人的权利和义务，保护劳动者的合法权益，构建和发展和谐稳定的劳动关系，制定本法。

第二条 中华人民共和国境内的企业、个体经济组织、民办非企业单位等组织（以下称用人单位）与劳动者建立劳动关系，订立、履行、变更、解除或者终止劳动合同，适用本法。

国家机关、事业单位、社会团体和与其建立劳动关系的劳动者，订立、履行、变更、解除或者终止劳动合同，依照本法执行。

第三条 订立劳动合同，应当遵循合法、公平、平等自愿、协商一致、诚实信用的原则。

依法订立的劳动合同具有约束力，用人单位与劳动者应当履行劳动合同约定的义务。

第四条 用人单位应当依法建立和完善劳动规章制度，保障劳动者享有劳动权利、履行劳动义务。

用人单位在制定、修改或者决定有关劳动报酬、工作时间、休息休假、劳动安全卫生、保险福利、职工培训、劳动纪律以及劳动定额管理等直接涉及劳动者切身利益的规章制度或者重大事项时，应当经职工代表大会或者全体职工讨论，提出方案和意见，与工会或者职工代表平等协商确定。

在规章制度和重大事项决定实施过程中，工会或者职工认为不适当的，有权向用人单位提出，通过协商予以修改完善。

用人单位应当将直接涉及劳动者切身利益的规章制度和重大事项决定公示，或者告知劳动者。

第五条 县级以上人民政府劳动行政部门会同工会和企业方面代表，建立健全协调劳动关系三方机制，共同研究解决有关劳动关系的重大问题。

第六条 工会应当帮助、指导劳动者与用人单位依法订立和履行劳动合同，并与用人单位建立集体协商机制，维护劳动者的合法权益。

第二章 劳动合同的订立

第七条 用人单位自用工之日起即与劳动者建立劳动关系。用人单位应当建立职工名册备查。

第八条　用人单位招用劳动者时，应当如实告知劳动者工作内容、工作条件、工作地点、职业危害、安全生产状况、劳动报酬，以及劳动者要求了解的其他情况；用人单位有权了解劳动者与劳动合同直接相关的基本情况，劳动者应当如实说明。

第九条　用人单位招用劳动者，不得扣押劳动者的居民身份证和其他证件，不得要求劳动者提供担保或者以其他名义向劳动者收取财物。

第十条　建立劳动关系，应当订立书面劳动合同。

已建立劳动关系，未同时订立书面劳动合同的，应当自用工之日起一个月内订立书面劳动合同。

用人单位与劳动者在用工前订立劳动合同的，劳动关系自用工之日起建立。

第十一条　用人单位未在用工的同时订立书面劳动合同，与劳动者约定的劳动报酬不明确的，新招用的劳动者的劳动报酬按照集体合同规定的标准执行；没有集体合同或者集体合同未规定的，实行同工同酬。

第十二条　劳动合同分为固定期限劳动合同、无固定期限劳动合同和以完成一定工作任务为期限的劳动合同。

第十三条　固定期限劳动合同，是指用人单位与劳动者约定合同终止时间的劳动合同。

用人单位与劳动者协商一致，可以订立固定期限劳动合同。

第十四条　无固定期限劳动合同，是指用人单位与劳动者约定无确定终止时间的劳动合同。

用人单位与劳动者协商一致，可以订立无固定期限劳动合同。有下列情形之一，劳动者提出或者同意续订、订立劳动合同的，除劳动者提出订立固定期限劳动合同外，应当订立无固定期限劳动合同：

（一）劳动者在该用人单位连续工作满十年的；

（二）用人单位初次实行劳动合同制度或者国有企业改制重新订立劳动合同时，劳动者在该用人单位连续工作满十年且距法定退休年龄不足十年的；

（三）连续订立二次固定期限劳动合同，且劳动者没有本法第三十九条和第四十条第一项、第二项规定的情形，续订劳动合同的。

用人单位自用工之日起满一年不与劳动者订立书面劳动合同的，视为用人单位与劳动者已订立无固定期限劳动合同。

第十五条　以完成一定工作任务为期限的劳动合同，是指用人单位与劳动者约定以某项工作的完成为合同期限的劳动合同。

用人单位与劳动者协商一致，可以订立以完成一定工作任务为期限的劳动合同。

第十六条　劳动合同由用人单位与劳动者协商一致，并经用人单位与劳动者在劳动合同文本上签字或者盖章生效。

劳动合同文本由用人单位和劳动者各执一份。

第十七条　劳动合同应当具备以下条款：

（一）用人单位的名称、住所和法定代表人或者主要负责人；

（二）劳动者的姓名、住址和居民身份证或者其他有效身份证件号码；

（三）劳动合同期限；

（四）工作内容和工作地点；

（五）工作时间和休息休假；

（六）劳动报酬；

（七）社会保险；

（八）劳动保护、劳动条件和职业危害防护；

（九）法律、法规规定应当纳入劳动合同的其他事项。

劳动合同除前款规定的必备条款外，用人单位与劳动者可以约定试用期、培训、保守秘密、补充保险和福利待遇等其他事项。

第十八条　劳动合同对劳动报酬和劳动条件等标准约定不明确，引发争议的，用人单位与劳动者可以重新协商；协商不成的，适用集体合同规定；没有集体合同或者集体合同未规定劳动报酬的，实行同工同酬；没有集体合同或者集体合同未规定劳动条件等标准的，适用国家有关规定。

第十九条　劳动合同期限三个月以上不满一年的，试用期不得超过一个月；劳动合同期限一年以上不满三年的，试用期不得超过二个月；三年以上固定期限和无固定期限的劳动合同，试用期不得超过六个月。

同一用人单位与同一劳动者只能约定一次试用期。

以完成一定工作任务为期限的劳动合同或者劳动合同期限不满三个月的，不得约定试用期。

试用期包含在劳动合同期限内。劳动合同仅约定试用期的，试用期不成立，该期限为劳动合同期限。

第二十条　劳动者在试用期的工资不得低于本单位相同岗位最低档工资

或者劳动合同约定工资的百分之八十，并不得低于用人单位所在地的最低工资标准。

第二十一条　在试用期中，除劳动者有本法第三十九条和第四十条第一项、第二项规定的情形外，用人单位不得解除劳动合同。用人单位在试用期解除劳动合同的，应当向劳动者说明理由。

第二十二条　用人单位为劳动者提供专项培训费用，对其进行专业技术培训的，可以与该劳动者订立协议，约定服务期。

劳动者违反服务期约定的，应当按照约定向用人单位支付违约金。违约金的数额不得超过用人单位提供的培训费用。用人单位要求劳动者支付的违约金不得超过服务期尚未履行部分所应分摊的培训费用。

用人单位与劳动者约定服务期的，不影响按照正常的工资调整机制提高劳动者在服务期期间的劳动报酬。

第二十三条　用人单位与劳动者可以在劳动合同中约定保守用人单位的商业秘密和与知识产权相关的保密事项。

对负有保密义务的劳动者，用人单位可以在劳动合同或者保密协议中与劳动者约定竞业限制条款，并约定在解除或者终止劳动合同后，在竞业限制期限内按月给予劳动者经济补偿。劳动者违反竞业限制约定的，应当按照约定向用人单位支付违约金。

第二十四条　竞业限制的人员限于用人单位的高级管理人员、高级技术人员和其他负有保密义务的人员。竞业限制的范围、地域、期限由用人单位与劳动者约定，竞业限制的约定不得违反法律、法规的规定。

在解除或者终止劳动合同后，前款规定的人员到与本单位生产或者经营同类产品、从事同类业务的有竞争关系的其他用人单位，或者自己开业生产或者经营同类产品、从事同类业务的竞业限制期限，不得超过二年。

第二十五条　除本法第二十二条和第二十三条规定的情形外，用人单位不得与劳动者约定由劳动者承担违约金。

第二十六条　下列劳动合同无效或者部分无效：

（一）以欺诈、胁迫的手段或者乘人之危，使对方在违背真实意思的情况下订立或者变更劳动合同的；

（二）用人单位免除自己的法定责任、排除劳动者权利的；

（三）违反法律、行政法规强制性规定的。

对劳动合同的无效或者部分无效有争议的，由劳动争议仲裁机构或者人民法院确认。

第二十七条　劳动合同部分无效,不影响其他部分效力的,其他部分仍然有效。

第二十八条　劳动合同被确认无效,劳动者已付出劳动的,用人单位应当向劳动者支付劳动报酬。劳动报酬的数额,参照本单位相同或者相近岗位劳动者的劳动报酬确定。

第三章　劳动合同的履行和变更

第二十九条　用人单位与劳动者应当按照劳动合同的约定,全面履行各自的义务。

第三十条　用人单位应当按照劳动合同约定和国家规定,向劳动者及时足额支付劳动报酬。

用人单位拖欠或者未足额支付劳动报酬的,劳动者可以依法向当地人民法院申请支付令,人民法院应当依法发出支付令。

第三十一条　用人单位应当严格执行劳动定额标准,不得强迫或者变相强迫劳动者加班。用人单位安排加班的,应当按照国家有关规定向劳动者支付加班费。

第三十二条　劳动者拒绝用人单位管理人员违章指挥、强令冒险作业的,不视为违反劳动合同。

劳动者对危害生命安全和身体健康的劳动条件,有权对用人单位提出批评、检举和控告。

第三十三条　用人单位变更名称、法定代表人、主要负责人或者投资人等事项,不影响劳动合同的履行。

第三十四条　用人单位发生合并或者分立等情况,原劳动合同继续有效,劳动合同由承继其权利和义务的用人单位继续履行。

第三十五条　用人单位与劳动者协商一致,可以变更劳动合同约定的内容。变更劳动合同,应当采用书面形式。

变更后的劳动合同文本由用人单位和劳动者各执一份。

第四章　劳动合同的解除和终止

第三十六条　用人单位与劳动者协商一致,可以解除劳动合同。

第三十七条　劳动者提前三十日以书面形式通知用人单位,可以解除劳动合同。劳动者在试用期内提前三日通知用人单位，可以解除劳动合同。

第三十八条　用人单位有下列情形之一的，劳动者可以解除劳动合同：

（一）未按照劳动合同约定提供劳动保护或者劳动条件的；

（二）未及时足额支付劳动报酬的；

（三）未依法为劳动者缴纳社会保险费的；

（四）用人单位的规章制度违反法律、法规的规定，损害劳动者权益的；

（五）因本法第二十六条第一款规定的情形致使劳动合同无效的；

（六）法律、行政法规规定劳动者可以解除劳动合同的其他情形。

用人单位以暴力、威胁或者非法限制人身自由的手段强迫劳动者劳动的，或者用人单位违章指挥、强令冒险作业危及劳动者人身安全的，劳动者可以立即解除劳动合同，不需事先告知用人单位。

第三十九条　劳动者有下列情形之一的，用人单位可以解除劳动合同：

（一）在试用期间被证明不符合录用条件的；

（二）严重违反用人单位的规章制度的；

（三）严重失职，营私舞弊，给用人单位造成重大损害的；

（四）劳动者同时与其他用人单位建立劳动关系，对完成本单位的工作任务造成严重影响，或者经用人单位提出，拒不改正的；

（五）因本法第二十六条第一款第一项规定的情形致使劳动合同无效的；

（六）被依法追究刑事责任的。

第四十条　有下列情形之一的，用人单位提前三十日以书面形式通知劳动者本人或者额外支付劳动者一个月工资后，可以解除劳动合同：

（一）劳动者患病或者非因工负伤，在规定的医疗期满后不能从事原工作，也不能从事由用人单位另行安排的工作的；

（二）劳动者不能胜任工作，经过培训或者调整工作岗位，仍不能胜任工作的；

（三）劳动合同订立时所依据的客观情况发生重大变化，致使劳动合同无法履行，经用人单位与劳动者协商，未能就变更劳动合同内容达成协议的。

第四十一条　有下列情形之一，需要裁减人员二十人以上或者裁减不足二十人但占企业职工总数百分之十以上的，用人单位提前三十日向工会或者全体职工说明情况，听取工会或者职工的意见后，裁减人员方案经向劳动行政部门报告，可以裁减人员：

（一）依照企业破产法规定进行重整的；

（二）生产经营发生严重困难的；

（三）企业转产、重大技术革新或者经营方式调整，经变更劳动合同后，仍需裁减人员的；

（四）其他因劳动合同订立时所依据的客观经济情况发生重大变化，致使劳动合同无法履行的。

裁减人员时，应当优先留用下列人员：

（一）与本单位订立较长期限的固定期限劳动合同的；

（二）与本单位订立无固定期限劳动合同的；

（三）家庭无其他就业人员，有需要扶养的老人或者未成年人的。

用人单位依照本条第一款规定裁减人员，在六个月内重新招用人员的，应当通知被裁减的人员，并在同等条件下优先招用被裁减的人员。

第四十二条　劳动者有下列情形之一的，用人单位不得依照本法第四十条、第四十一条的规定解除劳动合同：

（一）从事接触职业病危害作业的劳动者未进行离岗前职业健康检查，或者疑似职业病病人在诊断或者医学观察期间的；

（二）在本单位患职业病或者因工负伤并被确认丧失或者部分丧失劳动能力的；

（三）患病或者非因工负伤，在规定的医疗期内的；

（四）女职工在孕期、产期、哺乳期的；

（五）在本单位连续工作满十五年，且距法定退休年龄不足五年的；

（六）法律、行政法规规定的其他情形。

第四十三条　用人单位单方解除劳动合同，应当事先将理由通知工会。用人单位违反法律、行政法规规定或者劳动合同约定的，工会有权要求用人单位纠正。用人单位应当研究工会的意见，并将处理结果书面通知工会。

第四十四条　有下列情形之一的，劳动合同终止：

（一）劳动合同期满的；

（二）劳动者开始依法享受基本养老保险待遇的；

（三）劳动者死亡，或者被人民法院宣告死亡或者宣告失踪的；

（四）用人单位被依法宣告破产的；

（五）用人单位被吊销营业执照、责令关闭、撤销或者用人单位决定提前解散的；

（六）法律、行政法规规定的其他情形。

第四十五条　劳动合同期满，有本法第四十二条规定情形之一的，劳动合同应当续延至相应的情形消失时终止。但是，本法第四十二条第二项规定丧失或者部分丧失劳动能力劳动者的劳动合同的终止，按照国家有关工伤保险的规定执行。

第四十六条　有下列情形之一的，用人单位应当向劳动者支付经济补偿：

（一）劳动者依照本法第三十八条规定解除劳动合同的；

（二）用人单位依照本法第三十六条规定向劳动者提出解除劳动合同并与劳动者协商一致解除劳动合同的；

（三）用人单位依照本法第四十条规定解除劳动合同的；

（四）用人单位依照本法第四十一条第一款规定解除劳动合同的；

（五）除用人单位维持或者提高劳动合同约定条件续订劳动合同，劳动者不同意续订的情形外，依照本法第四十四条第一项规定终止固定期限劳动合同的；

（六）依照本法第四十四条第四项、第五项规定终止劳动合同的；

（七）法律、行政法规规定的其他情形。

第四十七条　经济补偿按劳动者在本单位工作的年限，每满一年支付一个月工资的标准向劳动者支付。六个月以上不满一年的，按一年计算；不满六个月的，向劳动者支付半个月工资的经济补偿。

劳动者月工资高于用人单位所在直辖市、设区的市级人民政府公布的本地区上年度职工月平均工资三倍的，向其支付经济补偿的标准按职工月平均工资三倍的数额支付，向其支付经济补偿的年限最高不超过十二年。

本条所称月工资是指劳动者在劳动合同解除或者终止前十二个月的平均工资。

第四十八条　用人单位违反本法规定解除或者终止劳动合同，劳动者要求继续履行劳动合同的，用人单位应当继续履行；劳动者不要求继续履行劳动合同或者劳动合同已经不能继续履行的，用人单位应当依照本法第八十七条规定支付赔偿金。

第四十九条　国家采取措施，建立健全劳动者社会保险关系跨地区转移接续制度。

第五十条　用人单位应当在解除或者终止劳动合同时出具解除或者终止劳动合同的证明，并在十五日内为劳动者办理档案和社会保险关系转移手续。

劳动者应当按照双方约定，办理工作交接。用人单位依照本法有关规定应当向劳动者支付经济补偿的，在办结工作交接时支付。

用人单位对已经解除或者终止的劳动合同的文本，至少保存二年备查。

第五章　特别规定

第一节　集体合同

第五十一条　企业职工一方与用人单位通过平等协商，可以就劳动报酬、工作时间、休息休假、劳动安全卫生、保险福利等事项订立集体合同。集体合同草案应当提交职工代表大会或者全体职工讨论通过。

集体合同由工会代表企业职工一方与用人单位订立；尚未建立工会的用人单位，由上级工会指导劳动者推举的代表与用人单位订立。

第五十二条　企业职工一方与用人单位可以订立劳动安全卫生、女职工权益保护、工资调整机制等专项集体合同。

第五十三条　在县级以下区域内，建筑业、采矿业、餐饮服务业等行业可以由工会与企业方面代表订立行业性集体合同，或者订立区域性集体合同。

第五十四条　集体合同订立后，应当报送劳动行政部门；劳动行政部门自收到集体合同文本之日起十五日内未提出异议的，集体合同即行生效。

依法订立的集体合同对用人单位和劳动者具有约束力。行业性、区域性集体合同对当地本行业、本区域的用人单位和劳动者具有约束力。

第五十五条　集体合同中劳动报酬和劳动条件等标准不得低于当地人民政府规定的最低标准；用人单位与劳动者订立的劳动合同中劳动报酬和劳动条件等标准不得低于集体合同规定的标准。

第五十六条　用人单位违反集体合同，侵犯职工劳动权益的，工会可以依法要求用人单位承担责任；因履行集体合同发生争议，经协商解决不成的，工会可以依法申请仲裁、提起诉讼。

第二节　劳务派遣

第五十七条　经营劳务派遣业务应当具备下列条件：

（一）注册资本不得少于人民币二百万元；

（二）有与开展业务相适应的固定的经营场所和设施；

（三）有符合法律、行政法规规定的劳务派遣管理制度；

（四）法律、行政法规规定的其他条件。

经营劳务派遣业务，应当向劳动行政部门依法申请行政许可；经许可的，依法办理相应的公司登记。未经许可,任何单位和个人不得经营劳务派遣业务。

第五十八条　劳务派遣单位是本法所称用人单位,应当履行用人单位对劳动者的义务。劳务派遣单位与被派遣劳动者订立的劳动合同,除应当载明本法第十七条规定的事项外,还应当载明被派遣劳动者的用工单位以及派遣期限、工作岗位等情况。

劳务派遣单位应当与被派遣劳动者订立二年以上的固定期限劳动合同,按月支付劳动报酬;被派遣劳动者在无工作期间,劳务派遣单位应当按照所在地人民政府规定的最低工资标准,向其按月支付报酬。

第五十九条　劳务派遣单位派遣劳动者应当与接受以劳务派遣形式用工的单位(以下称用工单位)订立劳务派遣协议。劳务派遣协议应当约定派遣岗位和人员数量、派遣期限、劳动报酬和社会保险费的数额与支付方式以及违反协议的责任。

用工单位应当根据工作岗位的实际需要与劳务派遣单位确定派遣期限,不得将连续用工期限分割订立数个短期劳务派遣协议。

第六十条　劳务派遣单位应当将劳务派遣协议的内容告知被派遣劳动者。

劳务派遣单位不得克扣用工单位按照劳务派遣协议支付给被派遣劳动者的劳动报酬。

劳务派遣单位和用工单位不得向被派遣劳动者收取费用。

第六十一条　劳务派遣单位跨地区派遣劳动者的,被派遣劳动者享有的劳动报酬和劳动条件,按照用工单位所在地的标准执行。

第六十二条　用工单位应当履行下列义务:

(一)执行国家劳动标准,提供相应的劳动条件和劳动保护;

(二)告知被派遣劳动者的工作要求和劳动报酬;

(三)支付加班费、绩效奖金,提供与工作岗位相关的福利待遇;

(四)对在岗被派遣劳动者进行工作岗位所必需的培训;

(五)连续用工的,实行正常的工资调整机制。

用工单位不得将被派遣劳动者再派遣到其他用人单位。

第六十三条　被派遣劳动者享有与用工单位的劳动者同工同酬的权利。用工单位应当按照同工同酬原则,对被派遣劳动者与本单位同类岗位的劳动者实行相同的劳动报酬分配办法。用工单位无同类岗位劳动者的,参照用工单位所在地相同或者相近岗位劳动者的劳动报酬确定。

劳务派遣单位与被派遣劳动者订立的劳动合同和与用工单位订立的劳务

派遣协议，载明或者约定的向被派遣劳动者支付的劳动报酬应当符合前款规定。

第六十四条　被派遣劳动者有权在劳务派遣单位或者用工单位依法参加或者组织工会，维护自身的合法权益。

第六十五条　被派遣劳动者可以依照本法第三十六条、第三十八条的规定与劳务派遣单位解除劳动合同。

被派遣劳动者有本法第三十九条和第四十条第一项、第二项规定情形的，用工单位可以将劳动者退回劳务派遣单位，劳务派遣单位依照本法有关规定，可以与劳动者解除劳动合同。

第六十六条　劳动合同用工是我国的企业基本用工形式。劳务派遣用工是补充形式，只能在临时性、辅助性或者替代性的工作岗位上实施。

前款规定的临时性工作岗位是指存续时间不超过六个月的岗位；辅助性工作岗位是指为主营业务岗位提供服务的非主营业务岗位；替代性工作岗位是指用工单位的劳动者因脱产学习、休假等原因无法工作的一定期间内，可以由其他劳动者替代工作的岗位。

用工单位应当严格控制劳务派遣用工数量，不得超过其用工总量的一定比例，具体比例由国务院劳动行政部门规定。

第六十七条　用人单位不得设立劳务派遣单位向本单位或者所属单位派遣劳动者。

第三节　非全日制用工

第六十八条　非全日制用工，是指以小时计酬为主，劳动者在同一用人单位一般平均每日工作时间不超过四小时，每周工作时间累计不超过二十四小时的用工形式。

第六十九条　非全日制用工双方当事人可以订立口头协议。

从事非全日制用工的劳动者可以与一个或者一个以上用人单位订立劳动合同；但是，后订立的劳动合同不得影响先订立的劳动合同的履行。

第七十条　非全日制用工双方当事人不得约定试用期。

第七十一条　非全日制用工双方当事人任何一方都可以随时通知对方终止用工。终止用工，用人单位不向劳动者支付经济补偿。

第七十二条　非全日制用工小时计酬标准不得低于用人单位所在地人民政府规定的最低小时工资标准。

非全日制用工劳动报酬结算支付周期最长不得超过十五日。

第六章　监督检查

第七十三条　国务院劳动行政部门负责全国劳动合同制度实施的监督管理。

县级以上地方人民政府劳动行政部门负责本行政区域内劳动合同制度实施的监督管理。

县级以上各级人民政府劳动行政部门在劳动合同制度实施的监督管理工作中，应当听取工会、企业方面代表以及有关行业主管部门的意见。

第七十四条　县级以上地方人民政府劳动行政部门依法对下列实施劳动合同制度的情况进行监督检查：

（一）用人单位制定直接涉及劳动者切身利益的规章制度及其执行的情况；

（二）用人单位与劳动者订立和解除劳动合同的情况；

（三）劳务派遣单位和用工单位遵守劳务派遣有关规定的情况；

（四）用人单位遵守国家关于劳动者工作时间和休息休假规定的情况；

（五）用人单位支付劳动合同约定的劳动报酬和执行最低工资标准的情况；

（六）用人单位参加各项社会保险和缴纳社会保险费的情况；

（七）法律、法规规定的其他劳动监察事项。

第七十五条　县级以上地方人民政府劳动行政部门实施监督检查时，有权查阅与劳动合同、集体合同有关的材料，有权对劳动场所进行实地检查，用人单位和劳动者都应当如实提供有关情况和材料。

劳动行政部门的工作人员进行监督检查，应当出示证件，依法行使职权，文明执法。

第七十六条　县级以上人民政府建设、卫生、安全生产监督管理等有关主管部门在各自职责范围内，对用人单位执行劳动合同制度的情况进行监督管理。

第七十七条　劳动者合法权益受到侵害的，有权要求有关部门依法处理，或者依法申请仲裁、提起诉讼。

第七十八条　工会依法维护劳动者的合法权益，对用人单位履行劳动合同、集体合同的情况进行监督。用人单位违反劳动法律、法规和劳动合同、集体合同的，工会有权提出意见或者要求纠正；劳动者申请仲裁、提起诉讼的，工会依法给予支持和帮助。

第七十九条　任何组织或者个人对违反本法的行为都有权举报，县级以上人民政府劳动行政部门应当及时核实、处理，并对举报有功人员给予奖励。

第七章　法律责任

第八十条　用人单位直接涉及劳动者切身利益的规章制度违反法律、法规规定的，由劳动行政部门责令改正，给予警告；给劳动者造成损害的，应当承担赔偿责任。

第八十一条　用人单位提供的劳动合同文本未载明本法规定的劳动合同必备条款或者用人单位未将劳动合同文本交付劳动者的，由劳动行政部门责令改正；给劳动者造成损害的，应当承担赔偿责任。

第八十二条　用人单位自用工之日起超过一个月不满一年未与劳动者订立书面劳动合同的，应当向劳动者每月支付二倍的工资。

用人单位违反本法规定不与劳动者订立无固定期限劳动合同的，自应当订立无固定期限劳动合同之日起向劳动者每月支付二倍的工资。

第八十三条　用人单位违反本法规定与劳动者约定试用期的，由劳动行政部门责令改正；违法约定的试用期已经履行的，由用人单位以劳动者试用期满月工资为标准，按已经履行的超过法定试用期的期间向劳动者支付赔偿金。

第八十四条　用人单位违反本法规定，扣押劳动者居民身份证等证件的，由劳动行政部门责令限期退还劳动者本人，并依照有关法律规定给予处罚。

用人单位违反本法规定，以担保或者其他名义向劳动者收取财物的，由劳动行政部门责令限期退还劳动者本人，并以每人五百元以上二千元以下的标准处以罚款；给劳动者造成损害的，应当承担赔偿责任。

劳动者依法解除或者终止劳动合同，用人单位扣押劳动者档案或者其他物品的，依照前款规定处罚。

第八十五条　用人单位有下列情形之一的，由劳动行政部门责令限期支付劳动报酬、加班费或者经济补偿；劳动报酬低于当地最低工资标准的，应当支付其差额部分；逾期不支付的，责令用人单位按应付金额百分之五十以上百分之一百以下的标准向劳动者加付赔偿金：

（一）未按照劳动合同的约定或者国家规定及时足额支付劳动者劳动报酬的；

（二）低于当地最低工资标准支付劳动者工资的；

（三）安排加班不支付加班费的；

（四）解除或者终止劳动合同，未依照本法规定向劳动者支付经济补偿的。

第八十六条　劳动合同依照本法第二十六条规定被确认无效，给对方造成损害的，有过错的一方应当承担赔偿责任。

第八十七条　用人单位违反本法规定解除或者终止劳动合同的，应当依照本法第四十七条规定的经济补偿标准的二倍向劳动者支付赔偿金。

第八十八条　用人单位有下列情形之一的，依法给予行政处罚；构成犯罪的，依法追究刑事责任；给劳动者造成损害的，应当承担赔偿责任：

（一）以暴力、威胁或者非法限制人身自由的手段强迫劳动的；

（二）违章指挥或者强令冒险作业危及劳动者人身安全的；

（三）侮辱、体罚、殴打、非法搜查或者拘禁劳动者的；

（四）劳动条件恶劣、环境污染严重，给劳动者身心健康造成严重损害的。

第八十九条　用人单位违反本法规定未向劳动者出具解除或者终止劳动合同的书面证明，由劳动行政部门责令改正；给劳动者造成损害的，应当承担赔偿责任。

第九十条　劳动者违反本法规定解除劳动合同，或者违反劳动合同中约定的保密义务或者竞业限制，给用人单位造成损失的，应当承担赔偿责任。

第九十一条　用人单位招用与其他用人单位尚未解除或者终止劳动合同的劳动者，给其他用人单位造成损失的，应当承担连带赔偿责任。

第九十二条　违反本法规定，未经许可，擅自经营劳务派遣业务的，由劳动行政部门责令停止违法行为，没收违法所得，并处违法所得一倍以上五倍以下的罚款；没有违法所得的，可以处五万元以下的罚款。

劳务派遣单位、用工单位违反本法有关劳务派遣规定的，由劳动行政部门责令限期改正；逾期不改正的，以每人五千元以上一万元以下的标准处以罚款，对劳务派遣单位，吊销其劳务派遣业务经营许可证。用工单位给被派遣劳动者造成损害的，劳务派遣单位与用工单位承担连带赔偿责任。

第九十三条　对不具备合法经营资格的用人单位的违法犯罪行为，依法追究法律责任；劳动者已经付出劳动的，该单位或者其出资人应当依照本法有关规定向劳动者支付劳动报酬、经济补偿、赔偿金；给劳动者造成损害的，应当承担赔偿责任。

第九十四条　个人承包经营违反本法规定招用劳动者，给劳动者造成损害的，发包的组织与个人承包经营者承担连带赔偿责任。

第九十五条　劳动行政部门和其他有关主管部门及其工作人员玩忽职守、不履行法定职责，或者违法行使职权，给劳动者或者用人单位造成损害的，应当承担赔偿责任；对直接负责的主管人员和其他直接责任人员，依法给予行政处分；构成犯罪的，依法追究刑事责任。

第八章　附则

第九十六条　事业单位与实行聘用制的工作人员订立、履行、变更、解除或者终止劳动合同，法律、行政法规或者国务院另有规定的，依照其规定；未作规定的，依照本法有关规定执行。

第九十七条　本法施行前已依法订立且在本法施行之日存续的劳动合同，继续履行；本法第十四条第二款第三项规定连续订立固定期限劳动合同的次数，自本法施行后续订固定期限劳动合同时开始计算。

本法施行前已建立劳动关系，尚未订立书面劳动合同的，应当自本法施行之日起一个月内订立。

本法施行之日存续的劳动合同在本法施行后解除或者终止，依照本法第四十六条规定应当支付经济补偿的，经济补偿年限自本法施行之日起计算；本法施行前按照当时有关规定，用人单位应当向劳动者支付经济补偿的，按照当时有关规定执行。

第九十八条　本法自2008年1月1日起施行。

附录二　2022～2023 年全国高校毕业生就业创业政策汇编及问答

高校毕业生就业创业事关民生福祉、经济发展和国家未来。党中央、国务院高度重视，出台了一揽子政策措施促进高校毕业生高质量充分就业。为深入学习贯彻党的二十大精神，全面落实党中央、国务院对高校毕业生就业创业工作的决策部署，进一步落实落细就业优先政策，促进高校毕业生更加充分更高质量就业，本书梳理了 2022 年全国最新就业创业政策及 2023 年北京市、天津市最新高校毕业生就业创业政策问答并进行了汇编。

第一节　2022 年全国高校毕业生就业政策汇编

一、支持企业稳岗扩岗政策

1.北京市关于支持企业稳岗扩岗政策

(1)深化就业市场建设。市教委将进一步加强市级常设就业市场建设，开展校园网络招聘月、就业服务季、校企对接会等活动。用好与全国各级组织、人社、国资部门和用人单位建立的就业资源工作网络，开展专场定制招聘，拓展北京高校毕业生全国就业渠道。各高校要充分挖掘新业态中的就业机会，支持毕业生到战略性新兴产业及现代服务业等领域创新创业，实现多种形式灵活就业。

(2)充分发挥校园招聘主渠道作用。各高校要深入开展全国高校书记校长访企拓岗促就业专项行动，并扩大到二级院系领导班子成员。鼓励高校与对接用人单位开展集中走访，深化多领域校企合作。积极举办线下校园招聘活动，主动邀请用人单位进校招聘，支持院系举办常态化“小而精，专而优”的校园招聘活动。探索以“线下＋线上”“直播带岗”形式，分层次、分类别、分行业举办各类招聘活动。

(3)深挖就业岗位资源。各高校要进一步开拓科研助理、教学助理和行政助理等校内岗位，并提供具有吸引力的政策待遇，吸纳毕业生就业。各高校要充分挖掘校友会及校友资源，建立校友促就业的长效机制。[①]

2.天津市关于支持企业稳岗扩岗政策

(1)拓展校企合作。搭建高校、服务外包企业、行业协会、培训机构间交流平台，8月中旬联合组织首批“院系师生走进服务外包企业”“校企联合人才培养”等对接活动。组织校企参与教育部“供需对接就业育人项目”。继续筹划服务外包企业与毕业生双选对接会，扩大服务外包产业和企业宣传，鼓励和引导应届高校毕业生到服务外包领域就业。

(2)鼓励吸纳就业。对符合条件的吸纳高校毕业生就业的服务外包企业，可向人社部门提出申请，按规定享受一次性吸纳就业补贴、一次性扩岗补助、职业培训补贴、社会保险补贴等政策支持。[②]

3.河北省关于支持企业稳岗扩岗政策

(1)努力开拓市场化就业岗位。持续深入开展高校书记校长访企拓岗促就业专项行动，调动二级院系领导班子成员积极性，有计划统筹开展走访企业和用人单位活动；结合学校办学特色和社会发展需要，加大重点领域就业市场开发力度；建立与企业日常联系和互访机制，深化校企合作，稳固供需合作关系；大力共建就业实践实习基地，持续每年新拓展一批就业渠道。

(2)充分发挥中小企业吸纳就业作用。省教育厅积极配合相关部门落实对中小微企业吸纳高校毕业生的优惠政策，联合省工商联持续开展高校与中小企业对接交流活动，支持开发创造更多适合高校毕业生的就业岗位。各高校要增强主动服务中小企业的意识，为中小企业进校招聘提供便利，引导更多高校毕业生到中小企业就业。[③]

---

① 转自《北京市教育委员会关于做好2023届普通高校毕业生就业创业工作的通知》(京教学〔2022〕21号)。

② 转自《市商务局　市教委　市人社局关于积极做好我市服务外包产业吸纳应届高校毕业生就业有关工作的通知》(津商服贸〔2022〕8号)。

③ 转自《河北省教育厅关于做好2023届普通高校毕业生就业创业工作的通知》(冀教学〔2022〕20号)。

4.山西省关于支持企业稳岗扩岗政策

(1)深入开展市场化岗位开拓行动。各地各高校要持续深入实施“书记校长访企拓岗”专项行动,进一步将“走出去,请进来”访企拓岗活动引向深入,不断优化工作方式,访企拓岗由书记、校长向院系延伸,形成校领导带学院,院系领导带老师层层递进的责任制就业工作模式,实现深度访企走访对接,深化多领域校企合作,以就业达成数量和质量等维度对走访效果进行考评。

(2)充分发挥中小企业吸纳就业作用。各高校要加强和中小企业的供需对接,为中小企业进校招聘提供便利。要积极组织参与“中小企业人才供需对接大会”“民企高校携手促就业”“中小企业网上百日招聘高校毕业生”“全国民营企业招聘月”等系列活动,向毕业生精准推送相关岗位信息,积极搭建中小企业招聘平台,引导更多高校毕业生到中小企业就业。各地要积极配合相关部门落实对中小微企业吸纳高校毕业生的优惠政策,支持开发创造更多适合高校毕业生的就业岗位。①

5.内蒙古自治区关于支持企业稳岗扩岗政策

(1)鼓励和支持企业吸纳就业。各地要深入实施入企“寻岗扩岗”行动,围绕产业发展布局对人力资源的需求,主动访企寻岗征岗,全面摸排当地工业产业园区空缺岗位、重大项目拉动就业岗位、农村牧区农田水利等基本建设“以工代赈”岗位等情况,及时公布岗位需求清单。支持中小微企业吸纳高校毕业生就业,对与毕业年度高校毕业生和离校 2 年内未就业高校毕业生签订 1 年以上劳动合同并为其缴纳社会保险费的小微企业,按规定给予社会保险补贴。对招用毕业年度高校毕业生并签订 1 年以上劳动合同的中小微企业,按规定给予一次性吸纳就业补贴,政策执行至 2022 年年底。对吸纳高校毕业生就业或组织见习的社会组织,在等级评估等方面给予提高一级评定的优惠政策。对有意向创建社区服务机构并符合政策规定的高校毕业生,在登记审查上给予相应政策支持。区属国有企业要带头吸纳高校毕业生,每年安排不低于招聘总数 50%的岗位,专门招聘专业和企业需求相符或相近的应届高校毕业生。2022 年至 2025 年,企业招用毕业年度内高校毕业生,符合条件的可在 3 年内按实际招用人数予以定额依次扣减增值税、城市维护建设税、教育费附加、地方教育附加和企业所得税优惠。定额标准为每人每年 7800 元。

(2)拓宽基层就业空间。围绕实施区域协调发展、乡村振兴等战略,开展基

① 转自《山西省教育厅关于做好 2023 届普通高校毕业生就业创业工作的通知》(晋教学〔2022〕14 号)。

层就业岗位挖潜行动。各地区要分类制定基层就业社保、医疗卫生、养老服务、社会工作、司法辅助等就业需求岗位清单。探索实施基层卫生防疫服务计划,各级政府要统筹工作经费,按照工作需求人员总数安排不低于50%的比例招用应届毕业生,招用办法和服务期限等自行确定。全面落实高校毕业生到基层就业按规定给予学费补偿、助学贷款代偿、高定工资、提前转正定级等相关政策。加大政府公共管理和社会服务岗位开发力度,“十四五”期间全区至少开发1万个基层岗位用于吸纳高校毕业生等青年就业。

(3)稳定公共部门岗位规模。加快公共部门招录(聘)和相关职业资格考试工作进度。鼓励科研项目开发科研助理岗位,所需人力成本费用(含社会保险补助、住房公积金)由项目承担单位根据情况通过科研项目经费等渠道统筹解决。深化落实法官检察官助理招录机制,根据不同层级法检两院岗位需求,每年通过选调招录应届优秀大学毕业生职位不低于招录计划的三分之一,将法检系统辅助人员职位开考比降低至1∶2。①

6.辽宁省关于支持企业稳岗扩岗政策

(1)全力助企纾困稳岗扩岗(7～12月)。持续落实助企纾困、技能援企等一揽子政策措施,加大对企业吸纳高校毕业生一次性扩岗补助和一次性吸纳补贴落实力度,帮助市场主体稳定现有岗位、扩大新的岗位。省人社厅按月调度助企纾困政策落实进展。

(2)实施中小微企业专招支持计划(7～11月)。出台25条支持中小微企业和个体工商户健康发展政策措施,积极拓宽高校毕业生到中小微市场主体就业渠道。14个市、沈抚示范区持续跟进本地新注册市场主体需求,按1∶1向中小微企业推荐毕业生,各地每月至少举办2场中小微企业专场招聘会。

(3)实施基层社区岗位支持计划(7～12月)。加强部门对接联动,做好2022年普通高校毕业生到城乡社区就业工作。调动市场力量,全面收集招募(聘)计划,各级人社部门和公共就业服务经办机构门户网站开设基层社区岗位信息发布专区,指导有条件的城乡社区组织因需设立见习岗位,及时向高校毕业生动态发布。

(4)实施毕业生政策性岗位开发归集计划(7～12月)。14个市、沈抚示范区政策性岗位开发落实情况按月向省归集,及时发布事业单位公开招聘、“三支一扶”等基层服务项目招募公告,合理安排和尽快组织考试,中小学幼儿园教师招聘力争在8月1日前完成。省就业工作领导小组办公室对各地开发落实情

① 转自《关于进一步做好高校毕业生等青年就业创业工作的通知》(内就工发〔2022〕6号)。

况实行动态通报。①

7.吉林省关于支持企业稳岗扩岗政策

灵活开展访企拓岗促就业专项行动。各高校要充分利用寒假时间，校领导班子、二级院系领导班子成员联系走访用人单位，千方百计为毕业生开拓就业岗位资源，深入了解用人单位需求，改进学科专业培养方案，提高人才培养适应性。要根据当前实际，采取线上与线下相结合、直接走访与间接走访相结合的办法，灵活推动访企拓岗工作落实。要充分利用校友资源，以及动员学校各个方面的力量，校领导带头主动沟通，注重访企拓岗的效益和质量。②

8.黑龙江省关于支持企业稳岗扩岗政策

(1)深入开展市场化岗位开拓行动。各高校要加强就业市场建设，深入开展书记校长访企拓岗促就业专项行动，二级院系领导班子成员也要积极参与，结合学生目标就业地域、就业单位开拓就业市场，巩固拓展就业渠道。要组织多部门、多院系集中走访各地人社部门及用人单位，深化多领域校地、校企合作。要将访企拓岗与校友招商工作结合起来，充分调动专业教师、知名校友等各方力量，拓宽岗位挖掘渠道。各就业协作体要充分发挥作用，分地域、分行业组团开拓就业市场，共享岗位资源。

(2)深入挖掘中小企业就业岗位。开展民营企业招聘高校毕业生专项行动，举办“民营企业人才供需对接活动”。会同相关部门与国家同步举办“中小企业网上百日招聘高校毕业生”“大中城市联合招聘高校毕业生专场”“民营企业招聘月”等活动。各高校要加强与“专精特新”中小企业的供需对接，为中小企业进校招聘提供便利，引导更多毕业生到中小企业就业。③

9.上海市关于支持企业稳岗扩岗政策

(1)降低企业用工成本。落实国家和本市各项援企纾困政策，充分发挥政策组合效应。快速落实失业保险和工伤保险费率降低、社会保险费和住房公积金缓缴、创业担保贷款展期还款以及各类房屋租金减免政策，实现符合条件的用人单位应享尽享。推动银行机构加大普惠型小微企业贷款投放力度，支持涉农、小微、民营企业和个体工商户等稳岗就业。落实企业安置重点群体就业税收优惠政策，降低非居民用户用水用电用气用网成本，多渠道为企业减费让利。

---

① 转自《关于印发〈辽宁省“奋斗正青春·筑梦在辽宁”高校毕业生等青年群体就业“双百日”攻坚行动工作方案〉的通知》(辽人社明电〔2022〕18号)。

② 转自《吉林省教育厅关于做好2023届高校毕业生就业近期工作的通知》。

③ 转自《黑龙江省教育厅关于做好2023届全省普通高校毕业生就业创业工作的通知》(黑教学函〔2022〕202号)。

(2)支持企业稳定岗位。通过政策精准推送、畅通网上经办渠道等举措,加快落实餐饮、零售、旅游、交通运输、文体娱乐、住宿、会展等困难行业企业稳就业补贴政策,帮助困难企业稳定就业岗位,力争不裁员少裁员。促进企业稳定人才队伍,优化人才直接落户、居转户、购房等条件,加大人才引进、服务和支持力度,助力企业稳定人才队伍。支持企业以训稳岗,加大线上培训补贴政策执行力度,发挥技能培训提技能、稳岗位的作用。①

10.江苏省关于支持企业稳岗扩岗政策

(1)深入开展市场化岗位开拓行动。各高校要深入开展全省高校书记校长访企拓岗促就业专项行动,二级院系领导班子成员也要积极参与。鼓励高校与对接企业和用人单位开展集中走访,深化多领域校企合作。省教育厅在全省范围内组织开展"校园招聘月""就业促进周"以及江苏"百校联动"校园招聘行动等岗位开拓和供需对接系列活动。

(2)充分发挥中小企业吸纳就业作用。开展民营企业招聘高校毕业生专项行动,精准汇集推送岗位需求信息。组织毕业生积极参加"全国中小企业人才供需对接大会""民企高校携手促就业""全国中小企业网上百日招聘高校毕业生""全国民营企业招聘月"等活动。各高校要加强与中小企业的供需对接,为中小企业进校招聘提供便利,引导更多高校毕业生到中小企业就业。

(3)做好政策性岗位招录工作。各高校要积极配合有关部门做好政策性岗位招录工作,按时序进度抓紧完成高校升学考试、公务员和事业单位、国企等政策性岗位招考及各类职业资格考试。充分发挥政策性岗位稳就业作用。

(4)积极拓宽基层就业空间。各高校要利用好基层医疗卫生、养老服务、社会工作、司法辅助、科研助理等就业机会,组织实施好"三支一扶""西部计划""乡村振兴计划"等基层就业项目,引导更多毕业生到中西部地区、东北地区、艰苦边远地区和基层一线就业创业。健全支持激励体系,落实好学费补偿贷款代偿、考研加分等优惠政策。②

11.浙江省关于支持企业稳岗扩岗政策

(1)用足用好政策性岗位。各高校要加强"三支一扶"、西部计划、第二学士学位、科研助理、城乡基层社区、征兵等政策性岗位宣传力度,激励更多毕业

---

① 转自《上海市人民政府关于做好本市当前和今后一个时期稳就业工作的意见》(沪府规〔2022〕6号)。

② 转自《江苏省教育厅关于做好2023届普通高校毕业生就业创业工作的通知》(苏教学函〔2022〕22号)。

生到基层、到山区26县和海岛县帮扶乡村振兴，到祖国最需要的地方建功立业。

(2)深入开展市场化岗位开拓行动。各高校要继续深入开展书记校长访企拓岗促就业专项行动，各二级院系、相关部门积极对接企业和用人单位，充分发挥产业联盟、行业协会等社会组织的作用，主动走入园区、走进行业、走进企业，深入了解行业发展动态，了解企业用人需求，进一步挖掘岗位资源，深化多领域校企合作。

(3)实施“百千万工程”(百校联动、千场招聘、五十万岗位)。各高校要充分发挥校园招聘主渠道作用，积极组织毕业生参加国家级、省级系列专场招聘活动，同时充分发挥本校资源优势，积极举办线下校园招聘活动，确保校园招聘活动有序开展。高校要创造条件主动邀请用人单位进校招聘，支持院系开展小而精、专而优的小型专场招聘活动。①

12.安徽省关于支持企业稳岗扩岗政策

千方百计开拓岗位。各高校要立即启动“校园招聘月”活动(活动时间：2022年11～12月，2023年1月)，抓住秋招黄金期，精心组织开展，务求取得实效。要深入开展高校书记校长访企拓岗促就业专项行动，二级院系班子成员也要访企拓岗，2023年的访企数量不能低于2022年。要围绕我省发展战略和十大新兴产业，积极主动联系行业、企业、用人单位和招聘机构，多渠道拓展就业岗位，多频次举办线上线下校园招聘市场。各二级院系要积极开展小而精、专而优小型专场招聘活动。要加强与中小微企业的供需对接，引导毕业生到生产一线、到中小微企业就业。要讲好创业故事，从场地、资金、指导等方面加大力度，为毕业生营造创业环境，让更多的毕业生参与创业实践，促进创业带动就业。要扎实做好各类政策性、特定性岗位宣传和精准推介工作。要加大征兵动员力度，推进“两站两服务”平台建设，宣传征兵优惠政策，畅通毕业生入伍绿色通道，确保完成年度毕业生征集任务。②

13.福建省关于支持企业稳岗扩岗政策

(1)积极拓展市场化岗位。各高校要持续深入开展高校书记校长访企拓岗促就业专项行动，校级领导和二级院系领导班子积极走访用人单位，开展社会

① 转自《浙江省教育厅关于做好2023届普通高校毕业生就业创业工作的通知》(浙教高教〔2022〕93号)。

② 转自《安徽省教育厅关于做好全省2023届高校毕业生就业创业工作的通知》(皖教学〔2022〕4号)。

人才需求和毕业生就业状况跟踪调研，深化多领域校企合作，争取更多就业资源和就业机会，各高校走访用人单位、企业累计数不少于200家。组织参加“校园招聘月”“就业促进周”“万企进校园计划”等供需对接系列活动。积极参与“全国中小企业人才供需对接大会”“民企高校携手促就业”“全国民营企业招聘月”等活动，引导更多高校毕业生到中小企业就业。各高校要充分发挥好校园招聘主渠道作用，统筹抓好线上线下招聘，积极举办小而精、专而优的小型专场招聘活动。

(2)优化政策性岗位招录安排。各级教育、人社要与组织、国资等有关部门沟通协调，统筹好政策性岗位招录时间安排，尽早安排高校升学考试、公务员和事业单位、国有企业等政策性岗位招考及各类职业资格考试。硕士研究生、普通专升本招录工作须在2023年5月底前完成。充分发挥政策性岗位稳就业作用，稳定并适度扩大招录高校毕业生规模。积极参加第四季“国聘行动”。

(3)积极拓宽基层就业空间。会同有关部门组织实施好“三支一扶”“社区服务计划”等基层项目组织招录工作，落实好毕业生到基层学费补偿贷款代偿、升学优惠等政策，鼓励更多毕业生到城乡社区基层一线就业创业。[①]

14.江西省关于支持企业稳岗扩岗政策

(1)扩大市场化就业规模。坚持在推动高质量发展中强化就业优先导向。持续推进“5020”“三请三回”“三企入赣”等行动，力争今年全省新引进百亿级项目10个、“5020”项目180个左右，扩容产业就业基本盘。对平台企业实施包容审慎监管，促进平台企业健康规范发展。推动国资委监管企业系统梳理汇总今后3年岗位用人用工需求，科学统筹计划招聘招工，面向应届高校毕业生岗位比例不低于40%。

(2)鼓励企业吸纳高校毕业生就业。对在本省行政区域注册的新吸纳2022届高校毕业生就业、签订1年以上劳动合同并缴纳社会保险的企业，按照每人1000元的标准给予一次性吸纳高校毕业生就业补贴；对招用毕业时间为2022年1～12月且取得普通高等学校毕业证书的普通高校毕业生，签订劳动合同并参加失业保险的企业，按每人1500元的标准，发放一次性扩岗补助，扩岗补助与吸纳就业补贴不重复享受，政策实施期限截至2022年12月31日。对招用毕业年度高校毕业生或离校2年内未就业高校毕业生，与之签订1年以上劳动合同并为其缴纳社会保险费的中小微企业和家庭服务业企业，给予最长不

---

① 转自《福建省教育厅　福建省人力资源和社会保障厅关于做好2023届全省普通高校毕业生就业创业工作的通知》(闽教学〔2022〕47号)。

超过1年的社会保险补贴。对吸纳高校毕业生就业达到一定数量且符合相关条件的中小微企业，在安排纾困资金、提供技术改造贷款贴息时予以倾斜。畅通中小微企业职称申报渠道，中小微企业专业技术人员可按属地原则通过企业直接向企业所在地人力资源社会保障部门申报职称。支持在我省注册具有独立法人资格企业的研发人员，积极参与各类科研项目及科研成果申报。

(3)拓宽基层就业空间。充分挖掘基层乡村振兴、医疗卫生、养老服务、社会工作、司法辅助等领域就业岗位。推动乡镇(街道)社会工作服务站建设，推广“定点招生、定向培养、保障就业”的养老服务人才培养模式，吸纳高校毕业生就业，社区专职工作岗位出现空缺要优先招用或拿出一定数量专门招用高校毕业生。稳步推进法院、检察院聘用制书记员招聘工作，完善聘用制书记员招聘递补机制。稳定“三支一扶”“农村特岗教师”等基层服务项目招募规模，做好乡镇司法所司法助理招聘工作。每年招募300名以上大学生志愿者开展西部计划志愿服务，在省内高校招募研究生，组建中国青年志愿者扶贫接力计划研究生支教团，赴中西部地区开展支教志愿服务。全省每年从乡镇公务员考录计划中拿出10%～15%的岗位面向基层服务项目人员定向考录和招聘。对到中西部地区、艰苦边远地区、老工业基地县以下基层单位就业的高校毕业生，按规定给予学费补偿和国家助学贷款代偿、高定工资等政策，对其中招聘为事业单位正式工作人员的，可按规定提前转正定级。对在养老服务机构连续从事养老护理工作达到规定年限的高校毕业生，按规定给予入职奖励或补贴。将到城乡社区就业创业的高校毕业生纳入当地人才政策扶持范围，对符合条件的提供住房、医疗、落户等支持。

(4)稳定公共部门岗位规模。今明两年继续稳定机关事业单位招录(聘)高校毕业生的规模，拿出一定数量岗位面向应届高校毕业生。全省两年内完成乡镇空余编制公务员招录工作，采取单独划定笔试最低合格线等方式，适当降低艰苦边远地区公务员招录门槛。深化落实基层法官检察官助理规范便捷招录机制，在全省四级联考中允许艰苦边远地区拿出部分岗位面向本地户籍或生源招考，畅通政法专业高校毕业生进入基层司法机关就业渠道。支持承担国家、省级科研项目的省内高校、科研院所和企业扩大科研助理岗位规模。省内高校、科研院所和企业在实施各类科研项目时，可配有相对固定的科研财务助理，所需人力成本费用(含社会保险补助、住房公积金)可由项目承担单位根据情况通过科研经费等渠道统筹解决。①

15.山东省关于支持企业稳岗扩岗政策

(1)深化“书记校长访企拓岗”专项行动。高校书记校长要带头示范,带动二级院系负责人、就业专职工作人员、辅导员等全员拓岗,促进拓岗数量、质量和落实率同步提升。

(2)实施“万企进校园”专项行动。高校要高效统筹支持开展小而精、专而优的小型专场招聘活动,主动邀请用人单位进校招聘,确保线下校园招聘活动有序开展。鼓励用人单位、行业组织更多参与高校生涯教育和就业指导。

(3)启动校园就业市场建设计划。各市各高校要进一步发挥校园招聘主渠道作用,制定实施山东省校园就业市场建设三年计划,建设一批全省性、区域性、行业性大学生就业市场。支持高校通过组团、联盟等方式开拓就业岗位,推动校内校外就业资源共享。

(4)促进网络招聘市场建设。全面推广使用国家大学生就业服务平台,进一步优化升级山东高校毕业生就业信息网、山东省教育厅高校毕业生就业网等平台,组织2023届毕业生、毕业班辅导员、就业工作人员及时注册使用。积极开展网络招聘服务,促进线上线下招聘相结合,提高招聘成功率。

(5)充分发挥中小企业吸纳作用。办好“中小企业人才供需对接大会”“中小企业网上百日招聘高校毕业生”等活动,各高校要为中小企业进校招聘提供便利,不得设置限制条件。各市要指导中小企业和毕业生用足用好税费减免、社会保险补贴等支持政策,推动“政策找人”“免申即享”,推进“打包快办”“直补快办”,符合条件的可申请创业担保政策扶持,引导更多高校毕业生到中小企业就业。

(6)统筹推动政策性岗位招录尽早安排。各级人力资源社会保障部门、教育部门要与相关部门加强协调配合,尽早安排高校升学考试,公务员和事业单位、国企等政策性岗位招考及各类职业资格考试,给高校毕业生离校前留出充足的求职时间。

(7)全面实施高校毕业生“筑基行动”。健全毕业生基层就业支持体系,组织实施好“三支一扶”计划、“西部计划”等基层就业项目,拓展“城乡社区专项计划”,引导更多毕业生到基层一线就业创业。研究建立基层就业高校毕业生支

① 转自《江西省人民政府办公厅关于做好当前和今后一段时期高校毕业生等青年就业创业工作的通知》(赣府厅明〔2022〕49号)。

持激励体系，落实好各项优惠鼓励政策。[①]

16.河南省关于支持企业稳岗扩岗政策

(1)多层次开拓市场化社会化就业岗位。联合有关部门、地方政府，积极开拓省属国有企业、“三个一批”重点项目等岗位资源。14个河南省高校毕业生就业市场分市场承办高校，要依托自身优势，做到平台共建、工作互助、资源共享，引领带动片区和行业高校，积极对接地方政府、企业、行业协会等开拓就业市场。要继续开展书记校长访企拓岗促就业专项行动，二级院系领导班子成员也要积极参与，充分利用行业、校友资源，积极主动地向市场向社会拓展岗位，及时向毕业生推送岗位。鼓励和支持高校毕业生灵活就业，推动灵活就业规范化发展。

(2)实现高校毕业生就业市场互联共享。积极对接国家大学生就业服务平台，充分发挥河南省高校毕业生就业市场、省级分市场和校园招聘市场的职能和作用，打通就业岗位信息共享渠道，规范高校毕业生就业岗位信息数据采集，建立稳定、顺畅、高效的互通机制，搭建全省统一的就业信息服务平台，提高岗位信息与毕业生求职意愿精准匹配度，降低毕业生求职和用人单位招聘成本。

(3)实施“百万岗位护航”计划。各高校要按照“启航”秋招、“引航”春招、“助航”校招、“远航”毕业四个阶段，针对不同目标群体，分别开展“访企拓岗促就业”“政校企供需对接”“基层就业筑基”“政策岗位推进”“特殊群体关爱”“百日冲刺”等专项行动，确保为2023届全省高校毕业生提供各类双选活动不少于1万场次，进校招聘企业不低于10万家次，就业岗位不少于300万个。

(4)举办“政校企”供需对接签约仪式。组织高校加强与有关部门、省内外地方政府和重点企业协同联动，搭建“政校企”合作平台，开展人才供需对接活动，签订定向人才培养、就业实习基地建设、产学研交流等合作协议，确保“签约合作一批、输送实习一批、落实岗位一批”。各高校要立足服务我省及当地经济社会发展，加强与各级政府部门、企事业单位的联系，引导鼓励更多高校毕业生留豫就业。

(5)举办基层就业出征仪式。协调有关部门、地方政府进一步拓展基层就业空间，出台优惠政策，增加岗位供给。各高校要配合实施好“三支一扶”“西部计划”“特岗计划”等项目，加大宣传力度、深化就业育人、优化服务保障，引导鼓励毕业生基层就业。要以“2023届河南省高校毕业生基层就业出征仪式”等系

---

① 转自《山东省人力资源和社会保障厅　山东省教育厅关于实施“启航扬帆计划”做好2023届高校毕业生就业创业工作的通知》(鲁人社字〔2022〕159号)。

列活动为引领，开展丰富多彩的教育活动，挖掘往届毕业生典型人物和事迹，引导毕业生将个人价值理想融入党和国家需要，深入基层、扎根基层、建功基层。

(6)优化政策性岗位招录安排。继续发挥省委教育工作领导小组秘书组就业工作专班作用，协调公务员、事业单位、国企等政策性岗位招录及教师、医护等各类职业资格考试时间安排，切实做到早谋划、早安排、早落实。各高校要积极做好信息发布、政策解读、心理疏导、精准指导等工作，教育引导高校毕业生结合自身实际参与政策性岗位招录考试。①

17.湖北省关于支持企业稳岗扩岗政策

(1)鼓励企业吸纳就业。引导民营企业发挥吸纳就业主渠道作用，开展“民营企业招聘月”等活动，组织发动民营企业提供更多优质岗位吸纳高校毕业生就业。企业招用应届高校毕业生(含离校 2 年内未就业高校毕业生)，签订劳动合同并参加失业保险的，可按每人不超过 1000 元的标准，发放一次性扩岗补助(由失业保险基金列支，与一次性吸纳就业补贴政策不重复享受)，政策实施期限截至 2022 年年底。支持中小微企业更多招用高校毕业生，按规定给予吸纳就业补贴、社会保险补贴、创业担保贷款及贴息、税费减免等扶持政策，对招用高校毕业生达到当年新增职工人数 30%以上且符合相关条件的，在安排纾困资金、提供技术改造贷款贴息、培育“专精特新”企业时予以倾斜；建立中小微企业专业技术人员职称评定绿色通道和申报兜底机制，落实科研项目经费申请、科研成果等申报与国有企事业单位同类人员同等待遇。稳定扩大国有企业招聘规模，除涉密等特殊岗位外，实行公开招聘。

(2)引导到城乡基层就业。统筹用好各方资源，充分挖掘基层就业社保、医疗卫生、养老服务、司法辅助等就业机会，及时归集并动态发布本地基层机关事业单位、企业等用工主体岗位空缺情况。社区专职工作岗位出现空缺要优先招聘或拿出一定数量专门招聘高校毕业生，原则上 2022 年所有新招聘岗位全部向高校毕业生开放。鼓励具备条件的行政村积极吸纳高校毕业生到村担任村务工作者。深入实施第四轮高校毕业生“三支一扶”计划，支持有条件的地区扩大“三支一扶”招募规模，扩招人员纳入全省统一招募管理，享受同等政策待遇。继续实施“万名大学生乡村医生配备”项目、农村特岗教师计划、大学生志愿服务西部计划等基层服务项目。对到县以下基层单位就业的高校毕业生，按规定给予学费补偿和国家助学贷款代偿、高定工资等政策，对其中招聘为事业单位

---

① 转自《河南省教育厅关于做好全省 2023 届普通高校毕业生就业创业工作的通知》(教学〔2022〕386 号)。

正式工作人员的,可按规定提前转正定级。

(3)稳定政策性岗位规模。今明两年要继续稳定机关事业单位招录(聘)高校毕业生的规模。深化落实基层法官检察官助理规范便捷招录机制,畅通政法专业高校毕业生进入基层司法机关就业渠道。支持承担国家科技计划(专项、基金等)的高校、科研院所和企业扩大科研助理岗位规模。及早安排公共部门招录(聘)和相关职业资格考试时间,加强与高校毕业生求职时间衔接。进一步扩大高校毕业生参军入伍规模。①

18.湖南省关于支持企业稳岗扩岗政策

(1)加强社区工作者队伍建设招录一批。各地要根据社区专职工作者员额管理要求,针对空缺岗位尽快拟定社区专职工作者年度招聘计划,报县市区党委政府同意后,面向高校毕业生实施招聘,及时补齐社区工作力量。鼓励结合城乡社区服务体系建设、基层社会治理等因素要求,调整完善社区工作者队伍建设规划,对辖区面积较大、社情复杂、管理服务工作任务繁重的社区,在地方财力允许的前提下,可适当增加社区专职工作者员额,但每个社区员额总额不超过 11 人,新增员额要同步纳入招聘计划尽快实施。原则上 2022 年所有新招聘岗位全部向高校毕业生开放,鼓励拿出较多数量岗位专门招聘有志热心服务群众的高校毕业生。鼓励具备条件的村积极吸纳高校毕业生到村担任辅警等村务工作者,作为村级后备干部重点培养。大力推进社区工作者职业体系建设,建立健全评价、选拔、使用、激励机制,落实岗位薪酬制度并完善动态调整机制,按规定参加社会保险并享受相关待遇,营造拴心留人的良好环境,引导高校毕业生扎根基层。

(2)发展城乡社区服务业吸纳一批。各地要全面推进“十四五”城乡社区服务体系建设,加大社区公共服务岗位开发,吸纳高校毕业生到村(社区)就业,为城乡社区建设储备人才资源。通过落实税费减免、政府购买服务等政策,支持在村(社区)提供养老、托育、家政、物业、健康等服务的机构(含企业、事业单位、社会组织)加快发展,增强吸纳高校毕业生就业能力。对上述机构中的小微企业,吸纳离校 2 年内未就业高校毕业生就业,与之签订 1 年以上劳动合同并为其缴纳社会保险费的,按规定落实社会保险补贴政策;对招用毕业年度高校毕业生并签订 1 年以上劳动合同的中小微企业,给予一次性吸纳就业补贴,政策实施期限截至 2022 年 12 月 31 日。支持高校毕业生到城乡社区服务领域创

---

① 转自《关于深入实施“才聚荆楚”工程全力做好高校毕业生等青年就业创业工作的通知》(鄂就工发〔2022〕3 号)。

业，按规定落实税费优惠、一次性创业补贴、创业担保贷款等政策。对高校毕业生到城乡社区服务领域灵活就业的，按规定落实社会保险补贴等政策。鼓励城乡社区综合及配套服务设施为相关提供社区服务的机构和高校毕业生在城乡社区服务领域开展创业给予必要的场地支持。

(3)开发就业见习岗位募集一批。各地要组织提供社区服务的机构参与“百万就业见习岗位募集计划”，结合社区服务均等化、精细化、智能化发展趋势，根据自身发展需要，积极开发适合高校毕业生的就业见习岗位，合理设置见习岗位条件，增强对高校毕业生的吸引力，特别要鼓励符合产业发展方向、经济社会效益良好、具有一定就业容量和技术含量的企业、社会组织、基层社会管理服务类机构申报就业见习基地。要指导辖区面积大、服务人口多、工作基础较好的城乡社区组织，聚焦提升自身管理水平和服务能力，因需设立就业见习岗位，并纳入本地区见习单位目录和见习岗位清单，广泛动员相关专业高校毕业生积极参与；城乡社区组织设立的就业见习岗位见习期一般为 3～12 个月，见习期满后可按规定同等条件下优先招录为社区专职工作人员；按规定落实就业见习补贴和激励推动政策。力争到 2022 年底，各地设立就业见习岗位的城乡社区占当地城乡社区总数的比例不低于 5％。

(4)创新工作联动机制带动一批。加快构建基层社会治理“五社联动”工作机制，支持全省乡镇(街道)社工站提质升级，推动建设城乡社区社会工作室，积极引导高校毕业生到乡镇(街道)社工站、城乡社区社工室开展服务。动员有人才需求的社会组织提供就业岗位，吸纳高校毕业生就业。发挥市州、县市区社会组织孵化基地和乡镇(街道)社会组织联合会(服务中心)作用，为高校毕业生在社会组织领域就业创业提供政策咨询、培训、场地等支持。鼓励教育发展基金会、高校教育基金会设立社区创新专项基金，支持高校毕业生组成社区创新团队，对接社区需求，发挥专业特长，积极参与社区建设、治理和服务实践，重点资助乡村产业振兴、智慧社区建设等融合潜力大、带动能力强的创新项目，资助期满后推动符合条件的社区创新团队转型创业。年底前，完成省级社区创新专项基金和社区创新团队设立工作。

(5)加强高校毕业生教育引导储备一批。各地要加强舆论宣传引导，通过开展“最美城乡社区工作者”“最美基层高校毕业生”等宣传以及“优秀城乡社区工作者”评选活动，选树一批扎根城乡社区建功立业的优秀高校毕业生典型，营造“社区就业大有可为”的良好社会氛围，帮助高校毕业生树立到城乡社区就业创业的信心。加强对在校大学生的理想信念教育和思想教育，开设就业创业教育课程，做实做细就业指导服务，准确解读有关政策，引导高校毕业生将职业选择融入国家发展和社会建设大局，客观看待个人条件和就业形势，树立科学的职业观、就业观和择业观，积极投身城乡社区治理和服务。设立一批城乡社区实习实践基地，组织在校大学生到城乡社区开展2022年湖南省大中专学生志愿者暑期文化科技卫生“三下乡”社会实践活动、全国大学生“返家乡”社会实践活动等实习实践、志愿服务、社会公益活动，激发高校毕业生到城乡社区就业创业的热情。结合居民服务需求和社区工作需要，对在城乡社区就业高校毕业生开展针对性教育培训，增强其服务群众的工作本领，帮助其尽快完成角色转换，在城乡社区更好地施展才能、创造价值。①

19.广西壮族自治区关于支持企业稳岗扩岗政策

(1)充分开拓挖掘市场性岗位资源。以高校毕业生“留桂就业计划”为契机，优化区内就业供求内循环，主动聚焦区内工业产业集群、特色农业产业集群和现代服务业集聚区等重大领域，结合学校学科专业特色，加强与有关工业园区、行业企业对接，大力开辟就业市场，千方百计拓展岗位信息来源，着力引导毕业生到我区新型工业化、新型城镇化、农业现代化、旅游产业化等重点领域就业创业。

(2)深入开展“高校书记校长访企拓岗促就业”专项行动。“书记校长访企拓岗促就业”专项行动由校领导班子向院系一级延伸，校院两级领导班子走访企业特别是区内企业，要深度了解市场需求，把拓岗位资源与推动学科专业建设、调整优化人才培养结合起来，更好促进供需匹配。按照教育部要求，新建普通本科高校(2016年以来变更的院校)、高等职业院校(含本科层次职业院校)要坚持实地走访为主，“走出去”和“请进来”相结合，每所有关高校的校院两级领导班子累计访企不少于100家，对2022届毕业生初次去向落实率低于我区平均水平的高校每所有关高校的校院两级领导班子新开拓用人单位累计不少于100家。各高校在开展专项行动时，要安排专人登录教育部“全国高校毕业生就业管理系统”的“访企拓岗专项行动”模块，及时填报完成专项行动情况。②

20.重庆市关于支持企业稳岗扩岗政策

持续推进访企拓岗。继续采取“市级统筹＋校际联动＋高校走访”三结合

---

① 转自《关于做好2022年普通高校毕业生到城乡社区就业创业工作的通知》(湘民发〔2022〕33号)。

② 转自《自治区教育厅关于做好2023届全区普通高等学校毕业生就业创业工作的通知》(桂教学生〔2022〕20号)。

的方式，坚持实地走访为主，全面推动开展访企拓岗促就业专项行动。积极参加教育部“校园招聘月”“就业促进周”等岗位开拓和供需对接系列活动。深化多领域校企合作，加快建立就业实习实践基地，为毕业生创造更多实习和就业机会。[①]

21.云南省关于支持企业稳岗扩岗政策

(1)持续开展访企拓岗。各校要持续开展“书记校长访企拓岗促就业”专项行动，建立健全高校领导联系走访用人单位制度，充分发挥学校党政主要领导及领导班子成员带头做好毕业生就业工作的重要示范作用，带动学校全体教师深度参与做好毕业生就业工作，全面深化校企合作、供需对接，实现高校对区域用人单位供需对接全覆盖，千方百计拓展就业创业岗位和机会。[②]

(2)创新发展增加专职就业岗位。各地要在社会组织登记审查中将新成立社会组织“有与其业务活动相适应的专职工作人员”的准入条件落到实处，推动政府购买服务、公益创投等政策落地与项目实施，带动开发专职就业岗位。推动社会团体规范内部治理，提升服务能力，增加专职工作人员力量。推动基金会等慈善组织下沉资源，积极引入公益慈善项目和资金助力基层民生保障，带动开发相应岗位、创造新增就业。推动教育、医疗、养老、社会工作等领域社会服务机构拓展服务空间，加大高校毕业生聘用力度。动员用人需求量大、社会责任感强的机构开发对技能、学历、年龄不作特别要求的岗位。支持在城乡社区提供养老、托育、家政、物业、健康等服务的社区社会组织加快发展，努力增加面向高校毕业生的工作岗位。积极培育发展各类社区社会组织，鼓励社会工作服务机构面向高校毕业生全面开放岗位并予以优先招录。

(3)精准开发和增加就业见习岗位。各地要广泛动员、积极推动社会组织参与“云南省就业见习万岗募集计划”，指导社会组织结合高质量发展要求合理设置见习岗位条件，有条件的城乡社区社会组织因需设立就业见习岗位，增强对高校毕业生吸引力。鼓励具有一定就业容量和技术含量的社会组织、推荐符合条件的社区社会组织申报就业见习基地，按规定落实就业见习补贴政策，增强社会组织对毕业生的吸引力，优先留用见习人员。鼓励社会工作服务机构、乡镇(街道)社工站、社区社会组织充分挖掘社区服务需求，推动有条件的城乡社区、社会工作服务机构、乡镇(街道)社工站设立就业见习岗位。积极引导高

---

① 转自《重庆市教育委员会关于做好2023届全市高校毕业生就业创业工作的通知》(渝教学发〔2022〕16号)。

② 转自《云南省教育厅关于做好全省2023届高校毕业生就业工作的通知》。

校毕业生到乡镇(街道)社工站开展服务,对符合条件参加就业见习人员,按相关规定申请给予就业见习补贴。鼓励用人单位积极留用见习人员,对见习期满留用率达50%以上的单位,提高就业见习补贴标准;对未留用人员,根据求职需要,加大跟踪帮扶力度,促进尽快实现就业。

(4)多方发力稳定就业岗位规模。各地要落实落细人力资源社会保障部门出台的稳岗扩就业政策,疏通政策"卡点""堵点",确保符合条件的社会组织享受相关政策红利。加大对租用民政、教育体育、人力资源社会保障等部门所属园区及物业的社会组织租金减免力度,提高补贴水平,减轻运营负担。支持提高社会组织从业人员社会保障水平,鼓励有条件的社会组织建立企业年金、医疗补充保险,鼓励专职工作人员参加个人养老金制度。有条件的地区或用人单位要为见习人员购买商业医疗保险,提高见习保障水平。引导社会组织健全薪酬合理增长和支付保障机制,推动实施人才评价制度、继续教育制度,增强高校毕业生等就业人员发展后劲,确保人才引得进、留得住、用得好、有发展。①

22.贵州省关于支持企业稳岗扩岗政策

(1)聚焦省内重大产业拓展岗位。各高校要围绕"四新"主攻"四化"主战略,努力实现"四区一高地"主定位,聚焦省内十大工业产业、十二个农业特色优势产业和服务业创新发展十大工程等重大项目,加强与有关工业园区、行业企业对接,大力开辟就业市场,千方百计拓展岗位信息来源,着力引导毕业生到我省新型工业化、新型城镇化、农业现代化、旅游产业化等重点领域就业创业。

(2)深化"书记校长访企拓岗促就业"专项行动。"书记校长访企拓岗促就业"专项行动要由校领导班子向院系一级延伸,校院两级领导班子走访企业,要深度了解市场需求,把拓岗位资源与推动学科专业建设、调整优化人才培养结合起来,更好促进供需匹配。鼓励各高校与对接企业和用人单位开展集中走访,深化多领域校企合作。要加强供需对接,深挖岗位资源,持续配合支持贵阳贵安深入开展"筑人才·强省会"高校毕业生就业创业行动。②

23.西藏自治区关于支持企业稳岗扩岗政策

(1)推动社会组织开发就业岗位。各地(市)要严格开展社会组织登记审查,将新成立社会组织"有与其业务活动相适应的专职工作人员"的法定准入条

---

① 转自《云南省民政厅　云南省教育厅　云南省人力资源和社会保障厅关于推动社会组织进一步助力高校毕业生等群体就业十二条措施的通知》(云民发〔2022〕222号)。

② 转自《省教育厅关于做好2023届全省普通高校毕业生就业创业工作的通知》(黔教发〔2022〕38号)。

件落到实处，带动专职就业岗位增加；重点支持社区社会组织培育发展，增强城乡社区吸纳高校毕业生就业能力。推动政府购买服务、公益创投等政策落地与项目实施，引导社会组织开发与承接服务相适应的就业岗位。推动社会团体规范内部治理与分支（代表）机构管理，支持和帮助分支（代表）机构聘用工作人员。推动基金会等慈善组织下沉资源，积极引入公益慈善项目和资金助力基层民生保障，带动开发相应岗位、创造新增就业。推动教育、医疗、养老等领域社会服务机构拓展服务空间，加大高校毕业生聘用力度；动员用人需求量大、社会责任感强的机构开发对技能、学历、年龄不作特别要求的岗位。推动各级各类社会组织把有劳动能力和就业意愿的脱贫家庭、低保家庭、零就业家庭以及有残疾的、较长时间未就业的高校毕业生作为重点帮扶对象，优先提供就业岗位；对符合条件的，按规定给予社会保险补贴。因地制宜开展线下各类招聘活动，及时组织动员本地区各类社会组织，针对性举办小规模、定制化招聘会；开展“百日千万网络招聘”“金秋招聘月”“就业促进周”等专项活动，合理安排招聘场次，推进社会组织与求职人员精准对接；探索采用“即时快招”招聘方式，提供即时发布信息、组织对接、面试洽谈等“一站式”快办服务，满足社会组织和求职人员即时对接需求。

（2）推动社会组织稳定就业岗位。统筹经济社会发展，引导和鼓励社会组织依据章程、业务范围和自身专长优势，在规范有序开展活动基础上，积极提供专业化多样化、个性化服务，推动以事业发展支撑就业。完善促进社会组织发展和用工的制度环境和政策体系，构建常态化稳岗帮扶机制；落实落细人力资源社会保障部门出台的稳岗扩就业政策，疏通政策“卡点”“堵点”，确保符合条件的社会组织享受相关政策红利。加大对租用民政、教育、人力资源和社会保障等部门所属园区及物业的社会组织租金减免力度，提高补贴水平，减轻运营负担。支持提高社会组织从业人员社会保障水平，鼓励有条件的社会组织建立企业年金、医疗补充保险，鼓励专职工作人员参加个人养老金制度。引导社会组织健全薪酬合理增长和支付保障机制，推动实施人才评价制度、继续教育制度，增强高校毕业生等就业人员发展后劲，确保人才引得进、留得住、有发展。①

（3）实行企业稳岗返还。从失业保险基金中列支约1亿元，对所有参保企业按照上年度企业及其职工实际缴纳失业保险费总额的90％返还稳岗资金，政策执行至2022年12月31日。鼓励有条件、有需求的地（市）联合企业对今冬

---

① 转自《自治区民政厅　教育厅　财政厅　人力资源和社会保障厅关于做好2022年普通高校毕业生到城乡社区就业工作的通知》（藏民发〔2022〕148号）。

明春留藏务工人员发放春节慰问金，对进藏务工人员发放一次性交通补助。

(4)给予参保职工一次性留工培训补助。从失业保险基金列支约9000万元，采取“免申即享”方式，对所有失业保险参保职工按照每人500元标准发放一次性留工培训补助。

(5)给予企业吸纳高校毕业生一次性扩岗补助。从失业保险基金中列支约1500万元，对企业招用2022届西藏高校毕业生签订劳动合同并参加失业保险的，按每人1500元标准发放一次性扩岗补助，执行期限至2022年12月31日。[①]

24.陕西省关于支持企业稳岗扩岗政策

民营企业稳岗拓岗专项行动。8月启动民营企业稳岗拓岗专项行动，举办现场招聘活动。结合企业需求开展行业、中小微企业、紧缺工种专场招聘会，提供“即时快招”、面试、“一站式”快办服务。紧密配合线下招聘活动，开设线上专场专区，开展直播带岗、远程面试等新型招聘活动，归集头部民营企业招聘岗位，面向高校毕业生举办10场省级直播带岗招聘活动。深入缺工企业提供“一企一策”政策咨询、招聘、用工指导等服务。落实高校毕业生到民营企业、新业态平台就业社会保险补贴、技能培训补贴等扶持政策。持续开展实施“高校书记校长访企拓岗促就业”专项行动，“走出去”和“请进来”相结合，广泛开拓就业渠道，挖掘优质就业岗位。[②]

25.甘肃省关于支持企业稳岗扩岗政策

千方百计开拓就业市场。省教育厅将继续会同省委组织部、省发改委、省人社厅、省政府国资委等部门释放政策性岗位，落实各类面向高校毕业生的政策性岗位招聘计划。各高校要组织好中央在甘单位，省属、市属企业，兰白四区及战略性新兴产业骨干企业针对2023届毕业生的招聘工作，精准推荐更多符合岗位需求的毕业生；加强第二学位招生工作，做好大学生征兵工作，增加毕业生入伍数量，组织实施“特岗计划”“三支一扶”“西部计划”“一万名大学生到基层就业”等中央、省级基层项目，持续开发科研助理岗位。要深化校企协同合作，继续落实“两个一”就业工作要求，扎实推进“访企拓岗促就业行动”，结合专业发展实际情况，深挖企业人才需求，积极拓展新的就业市场和就业岗位，丰富

---

① 转自《西藏自治区人民政府关于印发〈关于稳经济若干临时性措施〉的通知》(藏政发〔2022〕18号)。

② 转自《陕西省稳就业工作专班办公室关于开展稳就业促就业“9+1”专项行动的通知》(陕稳就业专班办发〔2022〕6号)。

就业资源。引导毕业生到高技术产业、战略性新兴产业、先进制造业和现代服务业等领域就业创业。深入挖掘互联网、大数据、人工智能和实体经济深度融合创造的就业机会,在共享经济、现代供应链等领域拓展就业新空间。①

26.青海省关于支持企业稳岗扩岗政策

(1)深入开展市场化岗位开拓行动。各高校要建立完善就业资源开发机制,充分调动专职就业工作队伍和党政干部、专业教师、校友等各方面积极性,主动走出去找单位、找岗位,千方百计拓展岗位信息来源。要继续深入开展高校书记校长访企拓岗促就业专项行动,二级院系领导班子成员也要积极参与鼓励高校与对接企业和用人单位开展集中走访,深化多领域校企合作。要积极组织开展"校园招聘月""就业促进周"等岗位开拓和供需对接系列活动。

(2)实施"万企进校园计划"。各高校要充分发挥校园招聘主渠道作用,切实加强校园招聘市场建设,积极举办线下校园招聘活动,确保校园招聘活动有序开展。要创造条件主动邀请用人单位进校招聘,支持院系开展小而精、专而优的小型专场招聘活动。

(3)充分发挥中小企业吸纳就业作用。开展民营企业招聘高校毕业生专项行动,精准汇集推送岗位需求信息。省教育厅将配合相关部门落实对中小微企业吸纳高校毕业生的优惠政策,支持开发创造更多适合高校毕业生的就业岗位,会同人社工信、工商联等部门举办"民营企业招聘月""中小企业网上百日招聘高校毕业生""民企高校携手促就业"等活动,为中小企业招聘高校毕业生搭建平台。各高校要加强与中小企业的供需对接,为中小企业进校招聘提供便利,引导更多高校毕业生到中小企业就业。②

27.宁夏回族自治区关于支持企业稳岗扩岗政策

2022年自治区"基层服务专项计划"招募2000名应届高校毕业生从事学前教育保教、城乡社区服务、基层医疗卫生、乡镇司法协理工作。其中,学前教育保教1140名,城乡社区服务500名,基层医疗卫生100名,乡镇司法协理260名。服务期限为两年。③

28.新疆维吾尔自治区关于支持企业稳岗扩岗政策

(1)深入推动助企纾困政策落实,提振企业发展信心,助力企业渡过难关,

---

① 转自《甘肃省教育厅关于做好全省2023届高校毕业生就业工作的通知》。

② 转自《青海省教育厅关于做好2023届高校毕业生就业创业工作的通知》(青教综〔2022〕86号)。

③ 转自《自治区教育厅　人力资源社会保障厅　财政厅　民政厅　卫生健康委　司法厅关于实施"学前教师""城乡社区""乡村医生""司法协理"等基层服务专项计划的通知》(宁教学〔2022〕127号)。

不断发展壮大,带动更好就业。

(2)深化落实自治区党委、人民政府《关于深化改革完善体系加快国有企业高质量发展的意见》,深化企业改革,优化布局结构,提高运行质量,积极协调解决企业面临的突出困难和问题,着力确保企业生产经营平稳有序,促进就业稳定,带动民生保障。鼓励支持监管企业加强与专业对口院校沟通联系,结合自身岗位需求,适时开展线下校园招聘活动。

(3)持续开展"中小企业网上百日招聘高校毕业生""民企高校携手促就业行动"等活动,持续动员各地中小企业参加招聘活动,积极配合各地人社部门开展企业进校招聘活动,为高校毕业生提供岗位资源。在中国新疆人才网、新疆公共就业服务网开设"中小企业网上百日招聘高校毕业生"活动专区,组织网络招聘会。举办"职在新疆"——新兴制造业、电子信息业、现代服务业等民营企业专场活动,直播带岗,畅通求职招聘渠道。

(4)实施书记校长访企拓岗促就业专项行动,组织高校书记校长及班子成员带头走进园区、企业,与相关单位建立就业合作渠道,挖掘岗位资源。通过中国新疆人才网、新疆公共就业服务网、"职在新疆"网络直播平台,向全区未就业高校毕业生推荐岗位信息。

(5)根据不同企业需求,联合相关部门开展行业、中小微企业、紧缺工种专场招聘会,开展民营企业招聘月活动、金秋招聘月活动,做好民营企业吸纳高校毕业生就业岗位信息统计工作。

(6)对国家级、自治区级科技计划和建设布局的各类创新基地平台进行梳理,制定《关于做好科研助理岗位开发和任务落实的工作方案》,并进行任务分解,开发一批科研助理岗位,吸纳500名以上应届毕业生就业。①

29.海南省关于支持企业稳岗扩岗政策

(1)各市县要按照每100个社会组织提供45个就业岗位的要求,努力实现2022~2023年社会组织领域持续增加就业岗位的预期目标,以实际行动服务国家、服务社会、服务群众、服务行业。

(2)推动社会组织开发就业岗位。各市县要严格开展社会组织登记审查,将新成立社会组织"有与其业务活动相适应的专职工作人员"的法定准入条件落到实处,带动专职就业岗位增加;重点支持社区社会组织培育发展,增强城乡社区吸纳高校毕业生就业能力。推动政府购买服务、公益创投等政策落地与项

---

① 转自《关于印发〈关于确保自治区2022届高校毕业生就业局势稳定的工作细化方案〉的通知》(新教组办发〔2022〕5号)。

目实施，引导社会组织开发与承接服务相适应的就业岗位。推动教育、医疗、养老等领域社会服务机构拓展服务空间，加大高校毕业生聘用力度；动员用人需求量大、社会责任感强的机构开发对技能、学历、年龄不作特别要求的岗位。

(3)推动社会组织稳定就业岗位。统筹经济社会发展，引导和鼓励社会组织依据章程、业务范围和自身专长优势，在规范有序开展活动基础上，积极提供专业化、多样化、个性化服务，推动以事业发展支撑就业。完善促进社会组织发展和用工的制度环境和政策体系，构建常态化稳岗帮扶机制；落实落细人力资源和社会保障部门出台的稳岗扩就业政策，疏通政策“卡点”“堵点”，确保符合条件的社会组织享受相关政策红利。[①]

二、支持创新创业和灵活就业政策

1.北京市关于支持创新创业和灵活就业政策

(1)落实好创新创业政策。市教委联合相关委办局继续落实落细《北京市支持高校毕业生就业创业若干措施》(京政办发〔2022〕20 号)，推进解决大学生创新创业场地、融资、服务等难题，提升大学生创新创业能力、增强创新活力，促进大学生创新创业。开展第三批北京高校大学生创业园高校分园绩效考核工作，继续支持高校分园建设。

(2)办好创新创业大赛。举办第二届“京彩大创”北京大学生创新创业大赛，为获奖团队提供场地、资金、孵化服务等多方面支持，推动大赛获奖创业项目转化落地。各高校要积极宣传并推荐大学生创业团队参赛。[②]

2.天津市关于支持创新创业和灵活就业政策

(1)对在服务外包领域创业、灵活就业的高校毕业生，按规定落实税收优惠、创业担保贷款及灵活就业社会保险补贴等政策。利用现有资金渠道，继续支持服务外包企业开展新增高校毕业生从业人员就业培训。鼓励本市大学生参加服务外包领域创新创业大赛。

(2)各相关部门要提高政治站位，高度重视服务外包吸纳高校毕业生就业有关工作。各区商务部门对所辖企业要加强组织引导，积极主动作为，确保我市应届高校毕业生就业工作在 8 月底前取得实效，并做好工作中的数据统计与

---

① 转自《海南省民政厅　海南省教育厅　海南省人力资源和社会保障厅关于印发推动社会组织进一步助力高校毕业生等群体就业工作方案的通知》(琼民函〔2022〕103 号)。

② 转自《北京市教育委员会关于做好 2023 届普通高校毕业生就业创业工作的通知》(京教学〔2022〕21 号)。

经验总结。各区人社部门要做好相关就业政策落实。8 月 31 日前实行周报制度，请各区商务、人社主管部门每周五 11:00 前通过现有渠道将工作进展、辖区企业发布就业岗位、服务外包企业新增高校毕业生就业及企业享受政策等情况分别报送市商务局、市人社局。①

3.河北省关于支持创新创业和灵活就业政策

支持高校毕业生自主创业和灵活就业。建设用好大学生众创空间，使其真正成为助力高校毕业生创新创业、实现高校创新成果转化的孵化器、加速器。要推动中国国际“互联网＋”大学生创新创业大赛等大学生创业项目尽快转化落地。在创业指导、资金和场地支持等方面向毕业生创业者适当倾斜。省教育厅积极配合有关部门落实灵活就业社会保障政策，支持毕业生从事新形态就业岗位，推动灵活就业规范化发展，维护灵活就业毕业生合法权益。②

4.山西省关于支持创新创业和灵活就业政策

支持自主创业和灵活就业。各地各高校要积极鼓励和支持高校毕业生自主创业，在资金、场地等方面向毕业生创业者倾斜，为高校毕业生创新创业孵化、成果转化等提供服务。推动中国国际“互联网＋”大学生创新创业大赛等创业项目转化落地。要配合有关部门宣传落实好灵活就业社会保障政策、财政金融支持政策，为毕业生从事新形态就业提供必要的支持，推动灵活就业规范化发展，切实维护高校毕业生合法权益。③

5.内蒙古自治区关于支持创新创业和灵活就业政策

支持自主创业和灵活就业。全面落实高校毕业生创业担保贷款及贴息、税费减免、场地支持和各类奖补等相关政策。政府投资开发的创业载体，安排不低于 30%的场地免费提供给高校毕业生，孵化期一般不超过 3 年。有条件的地方可予以租金、水电等补贴，具体标准可根据实际确定。对在校生和离校 2 年内未就业高校毕业生首次成功创业的，符合条件的给予不低于 5000 元一次性创业补贴。对离校 2 年内未就业高校毕业生灵活就业的，按规定给予社会保险补贴。技师学院高级工班、预备技师班和特殊教育院校职业教育类毕业生参照

---

① 转自《市商务局　市教委　市人社局关于积极做好我市服务外包产业吸纳应届高校毕业生就业有关工作的通知》(津商服贸〔2022〕8 号)。

② 转自《河北省教育厅关于做好 2023 届普通高校毕业生就业创业工作的通知》(冀教学〔2022〕20 号)。

③ 转自《山西省教育厅关于做好 2023 届普通高校毕业生就业创业工作的通知》(晋教学〔2022〕14 号)。

高校毕业生享受相关就业补贴政策。[①]

6.辽宁省关于支持创新创业和灵活就业政策

实施毕业生“双创”能力培养计划(7～12月)。及时受理和汇总高校毕业生申请创业担保贷款信息,推送一次性创业补贴、创业场地补贴、创业培训补贴等政策。组织全国创业孵化示范基地安排一定比例场地,向高校毕业生等青年创业者提供不低于2年的免费支持。全年扶持大学生创业企业不少于100家,其中沈阳、大连不少于20家,其他各市不少于5家。[②]

7.吉林省关于支持创新创业和灵活就业政策

提供大学生创新创业信用贷款。完善推动创业促进就业保障制度,支持和规范发展新就业形态,推进人才强省战略。对于符合规定条件的高校毕业生(含留学回国学生),兴业银行提供1～20万元的创新创业信用贷款,优先支持在省内大学生就业孵化园区内落户的项目,重点支持已经创办实体、经营初具规模、需要进一步发展的青年人才。授信额度综合考虑个人征信、毕业院校、技术职称等,结合创业项目、创业年限等因素进行综合测算。[③]

8.黑龙江省关于支持创新创业和灵活就业政策

支持自主创业和灵活就业。各高校要鼓励和支持毕业生自主创业,在资金、场地等方面向毕业生创业者倾斜,为毕业生创新创业孵化、成果转化等提供服务。建立完善大学生创新创业信息服务平台,提供创新创业相关政策发布、解读、项目对接等服务,支持大学生返乡创业、到城乡基层创业就业。要针对有创业意愿的毕业生开展创业培训,提高毕业生创业能力。配合人社部门落实灵活就业社会保障政策,为毕业生从事新形态就业提供支持,推动灵活就业规范化发展,切实维护毕业生合法权益。[④]

9.上海市关于支持创新创业和灵活就业政策

推动自主创业和灵活就业。支持创业带动就业,大力发展创业孵化基地,推进建设创业型社区,持续培育农村创业创新园区、退役军人创业园区、残疾人创业孵化基地,并落实创业扶持政策和资金支持。鼓励创业孵化基地孵化更多大学生创业项目,鼓励在孵实体吸纳更多大学生就业或见习。实施大学生实习

---

① 转自《关于进一步做好高校毕业生等青年就业创业工作的通知》(内就工发〔2022〕6号)。

② 转自《关于印发〈辽宁省“奋斗正青春·筑梦在辽宁”高校毕业生等青年群体就业“双百日”攻坚行动工作方案〉的通知》(辽人社明电〔2022〕18号)。

③ 转自《关于做好金融支持创新创业壮大民营经济对接服务的通知》(吉统发〔2022〕15号)。

④ 转自《黑龙江省教育厅关于做好2023届全省普通高校毕业生就业创业工作的通知》(黑教学函〔2022〕202号)。

“扬帆计划”，广泛开展各级政务实习、企业实习和职业体验活动。实施大学生乡村创业帮扶计划，鼓励大学生下乡创业。加大力度落实各类灵活就业支持政策，鼓励就业困难人员、离校未就业高校毕业生、大龄失业人员、长期失业青年、大龄离土农民等群体通过个体工商户、非全日制就业以及平台就业等形态实现就业。研究制定平台就业劳动保障政策，试点开展平台网约劳动者职业伤害保障工作，推进新就业形态劳动者互助保障计划，鼓励平台企业创造更多灵活就业岗位，提升平台灵活就业人员保障水平。将灵活就业人员和灵活就业岗位供求信息纳入本市公共就业服务范围，加大对有灵活就业意愿人员的服务力度。鼓励经营性人力资源服务机构设立专门的零工市场或网络平台，为灵活就业人员提供规范有序的求职招聘、技能培训等专业化服务。通过灵活就业登记参保、实有人口自主填报、社区就业监测等渠道，探索建立灵活就业人员实名制管理制度，定期开展灵活就业人员就业状况分析。①

10.江苏省关于支持创新创业和灵活就业政策

支持自主创业和灵活就业。各高校要积极鼓励和支持高校毕业生自主创业，在资金、场地等方面向毕业生创业者倾斜，为高校毕业生创新创业孵化、成果转化等提供服务。推动中国国际“互联网＋”大学生创新创业大赛、江苏省高校创新创业“金种子”孵育项目等大学生创业项目转化落地。各高校要积极宣传灵活就业社会保障政策，为毕业生从事新形态就业提供支持，推动灵活就业规范化发展，切实维护高校毕业生合法权益。②

11.浙江省关于支持创新创业和灵活就业政策

支持自主创业和灵活就业。各高校要积极鼓励和支持高校毕业生自主创业，在资金、场地等方面向毕业生创业者倾斜，为高校毕业生创新创业孵化、成果转化等提供服务。推动中国国际“互联网＋”大学生创新创业大赛、浙江省大学生创新创业大赛等大学生创业项目转化落地。要积极宣传灵活就业社会保障政策，有针对性地做好灵活就业毕业生的就业指导和帮助，切实维护毕业生合法权益。③

---

① 转自《上海市人民政府关于做好本市当前和今后一个时期稳就业工作的意见》(沪府规〔2022〕6号)。

② 转自《江苏省教育厅关于做好2023届普通高校毕业生就业创业工作的通知》(苏教学函〔2022〕22号)。

③ 转自《浙江省教育厅关于做好2023届普通高校毕业生就业创业工作的通知》(浙教高教〔2022〕93号)。

12.福建省关于支持创新创业和灵活就业政策

支持创新创业和灵活就业。各地各有关部门和高校要落实《关于进一步支持大学生创新创业的指导意见》,加大创新创业支持力度,在资金、场地等方面向高校毕业生创业者倾斜,提供创业孵化、成果转化等服务。举办第九届"互联网+"大学生创新创业大赛等相关赛事,促进创新创业项目落地发展,发挥创业带动就业倍增效应。有关部门要完善和落实灵活就业社会保障政策,支持高校毕业生从事新形态就业,切实维护合法权益。[①]

13.江西省关于支持创新创业和灵活就业政策

支持自主创业和灵活就业。将创新创业教育贯穿大学生培养全过程,提升教师创新创业教育教学能力。实施创业培训"马兰花计划",对毕业年度参加创业培训的高校毕业生,纳入职业培训补贴范围。政府投资开发的众创空间、科技企业孵化器、大学科技园等创业载体要安排30%左右的场地免费向高校毕业生创业者提供。对在本省行政区域内首次创办企业或从事个体经营且正常经营6个月以上的在校生和毕业5年内的高校毕业生,可申请一次性创业补贴5000元。其中,对2022年12月31日前办理个体工商户登记,从事个体经营业务稳定经营满6个月且未在其他渠道就业的2022届高校毕业生,由当地财政一次性发放5000～10000元不等的就业创业补贴资金。经金融机构确认,对高校毕业生个人10万元及以下的创业担保贷款免除反担保;符合条件的高校毕业生,个人最高贷款额度提高到30万元;对还款积极、带动就业能力强、创业项目好的借款个人和小微企业,可提供最高三轮的创业担保贷款扶持。加大高校毕业生个人创业担保贷款贴息力度,对2022年新签订借款合同(含续贷新发放)的高校毕业生个人贷款,自贷款发放日向后12个月,原需个人承担的利息予以免除。持有《就业创业证》的毕业年度内高校毕业生,从事个体经营的,自办理个体工商户登记当月起,在3年内按每户每年14400元为限额依次扣减其当年实际应缴纳的相关税费,政策实施期限截至2025年12月31日。对毕业年度及离校2年内未就业的高校毕业生,灵活就业后缴纳社会保险费的,按规定给予社会保险补贴。组织举办全省双创活动周。实施"赣才慧创鹤舞赣鄱"女性高校毕业生创业就业计划。建立市场主体歇业制度。开展维护新就业形

① 转自《福建省教育厅　福建省人力资源和社会保障厅关于做好2023届全省普通高校毕业生就业创业工作的通知》(闽教学〔2022〕47号)。

态劳动者劳动保障权益专项行动。[①]

14.山东省关于支持创新创业和灵活就业政策

(1)促进创新创业带动就业。梳理发布山东省大学生创业行动指南,公布各地大学生创业政策、创业园区在资金、场地等方面向毕业生创业者倾斜。鼓励支持高校毕业生潜力、优质项目参加山东省创业大赛,助力大学生优质创业项目转化落地。

(2)规范引导灵活就业。推动高校毕业生在数字经济、平台经济等领域灵活就业,引导灵活就业毕业生进行就业登记、缴纳社会保险,按规定落实社保补贴、意外伤害保险补贴等政策。各高校要杜绝用灵活就业形式引导毕业生虚假就业。[②]

15.河南省关于支持创新创业和灵活就业政策

(1)加强创新创业教育引领。各高校要落实立德树人根本任务,完善校地、校校、校企、校所协同的创新创业人才培养机制,促进创新创业教育与学科专业教育有机融合。进一步细化学时学分转换、弹性学制管理、保留学籍休学创业等政策。要把创新创业教育融入专业教学和人才培养的全过程,注重加强科研式教育、研发型教学,鼓励高校结合专业特色开办创业项目加速营、创业实验班,选树一批师生共创典型案例,实现“教学做”相结合;积极组织学生参加各类创业培训、创新创业竞赛等活动,切实增强大学生创新精神、创业意识和创新创业能力。

(2)支持高校创设大学生创业园。按照省委、省政府要求,研究出台《支持推动高校创设大学生创业园的指导意见》。各高校要完善管理制度和运行机制,充实强化专兼职管理服务队伍,提升服务水平和能力。鼓励各高校联合驻地有关部门,开辟专门场地,开展大学生创新创业实践和项目孵化,为创业大学生提供工商税务、投融资、法律援助等一站式服务,帮助其落实创业担保贷款、大众创业项目扶持资金、开业补贴等各项优惠政策,吸引和带动更多毕业生参与创业、实现就业。

(3)开展大学生创业培优行动。持续开展“创响中原”大学生创业项目培优行动,选拔培育一批创意设计新颖、技术含量较高、市场前景较好的大学生创业

---

① 转自《江西省人民政府办公厅关于做好当前和今后一段时期高校毕业生等青年就业创业工作的通知》(赣府厅明〔2022〕49 号)。

② 转自《山东省人力资源和社会保障厅 山东省教育厅关于实施“启航扬帆计划”做好 2023 届高校毕业生就业创业工作的通知》(鲁人社字〔2022〕159 号)。

项目，并对重点项目给予一定的资金扶持。结合大学生创业项目需求，支持高校联合社会资源帮助大学生创业项目做大做强。各高校要积极组织学生参加“互联网＋”大学生创新创业大赛、创意设计大赛等创业实践活动，推动项目落地，形成大学生创业示范引领效应，带动更多毕业生顺利就业。①

16.湖北省关于支持创新创业和灵活就业政策

支持自主创业和灵活就业。高校毕业生自主创业的，按规定落实创业培训补贴、一次性创业补贴、创业担保贷款及贴息、税费减免等政策。政府投资开发的创业载体要安排30％左右的场地，免费向高校毕业生创业者提供。鼓励各地孵化基地、青创园开放众创空间、临时工位，为大学生创业者提供便捷场所和孵化服务。举办“创业湖北”“创青春”“挑战杯”“互联网＋”“创立方”等各类创新创业赛事，打造“创业青年说”电视栏目，为创业青年搭建交流展示平台。支持高校毕业生发挥专业所长从事灵活就业，对毕业年度和离校2年内未就业高校毕业生实现灵活就业的，按规定给予社会保险补贴。②

17.湖南省关于支持创新创业和灵活就业政策

做好大学生创新创业工作。以组织参与第八届湖南省“互联网＋”大学生创新创业大赛为契机，进一步做好大学生创新创业指导和服务。重点加强对参赛毕业生的指导，通过大赛增强学生的创新创业能力，指导帮助创新创业毕业生争取有关优惠政策，创造条件为优秀创新创业项目提供支持，推动项目孵化落地，以创新创业实效带动更高质量和更高层次就业。③

18.广西壮族自治区关于支持创新创业和灵活就业政策

巧抓善用创业带动就业等新业态资源。各高校要加强创新创业服务平台建设，大学科技园、创业园、创客空间等要向毕业生提供场地优惠和专业孵化服务，双创导师要深入进行政策解读、经验分享和实践指导，指导创业团队争取各类创业优惠政策；组织好中国国际“互联网＋”大学生创新创业大赛，推动更多创业项目转化落地，促进以创业带动就业：积极配合有关部门宣传好灵活就业社会保障政策、财政金融支持政策，为毕业生灵活就业提供必要指导和保障。④

---

① 转自《河南省教育厅关于做好全省2023届普通高校毕业生就业创业工作的通知》(教学〔2022〕386号)。

② 转自《关于深入实施“才聚荆楚”工程全力做好高校毕业生等青年就业创业工作的通知》(鄂就工发〔2022〕3号)。

③ 转自《关于做好2022届高校毕业生离校前后就业工作的通知》(湘教通〔2022〕182号)。

④ 转自《自治区教育厅关于做好2023届全区普通高等学校毕业生就业创业工作的通知》(桂教学生〔2022〕20号)。

19.四川省关于支持创新创业和灵活就业政策

(1)加大高校创新创业教育支持力度。积极争取教育部中央专项彩票公益金等大学生创新创业教育发展资金。用好就业创业补助资金,支持建设一批具有示范和带动效应的创业孵化基地,服务大学生创业,对成功认定的省级创业孵化基地按90万元标准给予一次性补助。支持开展各类创新创业活动,营造鼓励创新创业的社会氛围。

(2)落实减税降费政策。利用税务网站、12366纳税服务热线、四川税务APP等平台开展国家政策宣传辅导,指导符合条件的大学生用足用好税收优惠政策。增进办税便利、优化纳税服务,落实落细现行小微企业和个体工商户减免所得税、大学科技园免税等税收政策。自2022年1月1日起,至2025年12月31日,对高校毕业生在毕业年度内从事个体经营且符合规定条件的,在3年内按每户每年14400元为限额依次扣减其当年实际应缴纳的增值税、城市维护建设税、教育费附加、地方教育附加和个人所得税。

(3)落实创业担保贷款及贴息政策。提高政策执行标准,将高校毕业生申请创业担保贷款额度提高至20万元,对高校毕业生设立的符合条件的小微企业申请创业担保贷款额度提高至300万元;降低贷款利率,原贫困地区和省内其余地区的贷款利率上限分别降低至LPR+250BP和LPR+150BP;降低担保要求,对10万元及以下的高校毕业生个人创业担保贷款,以及全国创业孵化示范基地或信用社区(乡村)推荐的创业项目,获得社区的市级以上荣誉称号的创业大学生,免除反担保要求;提高办理效率,推广应用"四川公共就业创业服务管理信息系统",简化贷款程序,缩短经办周期,提高放贷速度。用好创业担保贷款担保基金,发展壮大融资性担保机构。引导重点金融机构落实创业担保贷款增量扩面要求,加大对大学生就业创业的金融支持力度,提升服务质效。

(4)引导社会资本支持大学生创新创业。鼓励政府投资引导基金投资大学生初创科技型企业。做好私募股权、创投基金服务与监管工作,指导四川省投资基金业协会积极搭建投融资平台,促进产融对接,引导支持私募股权投资、创业投资基金投早、投小、投智,促进大学生科技创新创业项目成果转化。加快发展天使投资,培育一批天使投资人和创业投资机构,支持天使投资、创业投资发展,推动大学生创新创业。①

① 转自《四川省人民政府办公厅关于进一步支持大学生创新创业的实施意见》(川办发〔2022〕75号)。

20.重庆市关于支持创新创业和灵活就业政策

(1)完善创新创业教育体系。加快推进创新创业课程体系建设和改革,促进创新创业教育与学科专业教育有机融合;各高校要不断强化创新创业师资队伍建设,申报建立市级创新创业导师名家工作室,广泛吸纳企业家、投资人、行业专家等,构建结构合理、功能互补、覆盖广泛的双创导师队伍体系;要积极推行“互联网+创业培训”“技能培训+创业培训”等新型培训模式,不断提升师生指导服务和创业能力;要鼓励师生积极参与“优创优帮”“投融资对接会”“导师问诊”等帮扶指导活动,报名参加“互联网+”“挑战杯”等创新创业大赛,并建立以“互联网+”大赛为核心、各级各类竞赛有机衔接的竞赛联动机制,不断提升双创育人实效。

(2)强化创新创业指导服务。加大创新创业支持力度,会同相关部门落实和制定创新创业政策措施;增强“双创”平台服务能力,推进大创谷“一核六园、两区多点”提质升级,持续开展卫星园建设和遴选,鼓励高校加快成立创新创业学院或创业专门组织机构,加强创新创业工作统筹和指导服务;强化科技成果转化服务,各高校要积极收集整理和上报最新科技成果,重庆市高校科技成果转化服务中心要做好成果统计和对接发布等服务工作。通过举办成果发布会、资源对接会、技术经纪人培训等载体活动,提升成果转化服务能力。①

21.贵州省关于支持创新创业和灵活就业政策

支持高校毕业生自主创业。各高校要加强创新创业服务平台建设,大学科技园、创业园、创客空间等要向毕业生提供场地优惠和专业孵化服务,双创导师要深入进行政策解读、经验分享和实践指导,指导创业团队争取各类创业优惠政策。组织好中国国际“互联网+”大学生创新创业大赛,促进创新创业项目成果转化,发挥创新创业带动就业作用。②

22.西藏自治区关于支持创新创业和灵活就业政策

(1)发放高校毕业生一次性求职创业补贴。从就业补助资金中列支约 8500 万元,对 2022 届西藏高校毕业生在毕业 3 个月后仍未就业的,一次性发放 3 个月求职创业补贴,补贴标准以西藏现行城镇最低工资标准计算,政策执行期限至 2022 年 12 月 31 日。

---

① 转自《重庆市教育委员会关于做好 2023 届全市高校毕业生就业创业工作的通知》(渝教学发〔2022〕16 号)。

② 转自《省教育厅关于做好 2023 届全省普通高校毕业生就业创业工作的通知》(黔教发〔2022〕38 号)。

(2)支持高校毕业生自主创业。从就业补助资金及自治区财政安排的配套资金中列支约1.5亿元,用于西藏高校毕业生一次性创业启动资金、场地租金及水电费补贴、社会保险补贴、基本生活费补贴和住房公积金补贴等。[①]

23.陕西省关于支持创新创业和灵活就业政策

鼓励支持创业和灵活就业专项行动。深入实施创业培训"马兰花"计划,在"秦云就业"小程序开设在线创业培训课程,并增加职业指导内容,跟进提供创业担保贷款等融资支持,提高创业成功率。充分发挥好创业孵化基地、双创示范基地、科技成果转化中试基地、农村创业创新示范园区、返乡创业园区等平台创业带动作用。认真组织中国创翼、丝路创星创业创新大赛、退役军人创业创新成果展陈交流等活动,激发劳动者创业创新动力。鼓励返乡回乡下乡人员发展农产品加工业、乡村休闲旅游、农村电商等新产业、新业态。组织开展创业专家基层行活动,为企业、创业者提供政策咨询、培训辅导、企业管理方面的服务。健全灵活就业劳动用工和社会保障政策,推进新就业形态就业人员职业伤害保障试点。加快零工市场建设,推动公共就业服务机构设立零工窗口,拓宽灵活就业人员求职渠道。[②]

24.甘肃省关于支持创新创业和灵活就业政策

(1)自2023年1月到2024年底,通过完善落实创业扶持政策,优化提供创业服务,支持更多重点群体投身创业活动,力争实现每年创业培训规模不少于4万人次、离校5年内高校毕业生新创业不少于5000人,返乡入乡创业人数累计超过26万人,就业困难人员能够以更加灵活方式实现就业增收。

(2)实施"创业主体培育"计划。支持高校毕业生创业,开展创业能力提升训练营、创业实训等活动,提供项目指导、风险评估、商业实战模拟等"沉浸式"体验,促进高校毕业生等青年创意设计成果落地转化。支持农民工返乡创业,聚焦农民工能力短板、产业特点和创业阶段,强化培训、资金、场地、用工、营销等扶持,助力返乡创业项目更好发展。支持就业困难人员创业,鼓励发展夜经济、后备厢经济等特色经营,引导其创办投资少、风险小的创业项目。组织开展好中国国际"互联网+"大学生创新创业大赛甘肃省分赛、"创客中国"甘肃省中小企业创新创业大赛、"中国创翼"创业创新大赛甘肃省选拔赛、甘肃省大学生

---

① 转自《西藏自治区人民政府关于印发〈关于稳经济若干临时性措施〉的通知》(藏政发〔2022〕18号)。

② 转自《陕西省稳就业工作专班办公室关于开展稳就业促就业"9+1"专项行动的通知》(陕稳就业专班办发〔2022〕6号)。

就业创业大赛、甘肃省"百千万"创业引领工程等赛事活动，发掘一批创新型企业和项目，培育一批创业主体。

(3)实施"灵活就业支持"计划。开展个人经营、非全日制、新就业形态等灵活方式就业的劳动者在常住地公共就业服务机构办理就业登记。各市、州要充分利用公共就业服务机构场地资源，设立零工服务专区，结合实际动态调整服务大厅开放时间，免费向社会提供零工信息登记发布和求职招聘服务。按照甘肃省人力资源和社会保障厅等五部门关于印发《甘肃省加强零工市场建设完善公共就业服务的实施意见》的有关要求，有计划完善零工市场建设。加强灵活就业人员权益维护，提供维权"绿色通道"和法律援助服务。对依托平台灵活就业的困难人员、两年内未就业高校毕业生，按规定给予社会保险补贴。①

25.青海省关于支持创新创业和灵活就业政策

(1)促进创新创业带动就业。加大"双创"支持力度，会同有关部门落实大学生创业优惠政策。加强大学科技园、创业孵化基地等创新创业平台建设，为大学生创新创业提供场地支持，推动各类创新创业大赛获奖项目成长发展、落地见效。强化创新创业实践，继续举办好中国"互联网＋"大学生创新创业大赛和"青年红色筑梦之旅"活动，着力培养学生的创新精神和创造能力。进一步建立健全各级各类大学生创业服务平台为大学生创业提供项目对接、财税会计、法律政策、管理咨询等深度服务。鼓励各高校聘请行业专家、创业校友、企业家等担任大学生创业团队指导教师，鼓励专业教师、实验室老师全程指导大学生创新创业。

(2)引导高校毕业生灵活就业。各高校要认真贯彻落实《青海省人民政府办公厅关于印发支持多渠道灵活就业的若干举措的通知》(青政办〔2021〕1号)，深入挖掘新产业新业态新模式中的就业资源，引导毕业生在数字经济、平台经济等领域灵活就业。面向市场需求，开展新兴产业、先进制造业、现代服务业、社会工作等领域新职业技能培训，增强毕业生就业能力和竞争力。②

26.新疆维吾尔自治区关于支持创新创业和灵活就业政策

(1)依法贯彻落实毕业年度内高校毕业生从事个体经营有关税收优惠政策。加强政策宣传引导，持续优化办税服务举措，促进符合政策条件的高校毕业生充分享受税费优惠政策。对在校及离校5年以内的未就业普通高等学校、

① 转自《甘肃省人力资源和社会保障厅等八部门关于印发〈甘肃省实施重点群体创业推进行动工作方案〉的通知》(甘人社通〔2023〕2号)。

② 转自《青海省教育厅关于做好2023届高校毕业生就业创业工作的通知》(青教综〔2022〕86号)。

职业学校、技工院校学生,在自治区范围内领取工商营业执照且正常经营6个月以上的,一次性给予2000元的自主创业补贴。对符合创业担保贷款申请条件的高校毕业生,可按规定享受贷款及贴息扶持政策。创业孵化基地拿出30%左右的场地向有意愿入驻的高校毕业生免费提供。

(2)鼓励通过淘宝村播学院、电商公共服务中心、MCN机构等培训途径开展电商从业人员培训,鼓励有志从事电商行业的青年参与培训,掌握电商知识和技能。鼓励支持服务贸易企业开展培训+就业模式,开展数字动漫、软件研发等服务外包业务,不断扩大服务外包企业就业规模。用好中央外经贸专项资金促进服务贸易创新发展,对录用高校毕业生的企业给予政策上的补助。

(3)摸清自治区科技企业孵化器、众创空间、星创天地政府投资开发情况,做好政策宣传并定期推送。

(4)落实创业担保贷款政策,加大对大学生创新创业的支持力度。引导金融机构优化业务流程,推动形成"敢贷、愿贷、能贷、会贷"的金融服务长效机制,通过支持大学生创业促进就业。

(5)组织乌鲁木齐经济技术开发区、喀什经济开发区、乌鲁木齐高新技术产业开发区、昌吉国家农业科技园区等4家国家双创示范基地,聚焦高校毕业生等重点群体,开展2022年创业带动就业专项行动。按照国家统一安排部署,举办2022年全国大众创业万众创新活动周新疆分会场活动。

(6)支持大学生创新创业。争取中央专项彩票公益金,支持大学生创新创业教育项目,落实高校助学贷款补助政策。对学生在校期间高校国家助学贷款予以贴息,并安排风险补偿金,落实国家助学贷款延期还款、减免利息等支持举措。实施学费补偿和国家助学贷款代偿政策,高校应届毕业生到自治区艰苦边远地区基层单位(不含企业)就业,服务期在3年以上(含3年),其学费和国家助学贷款由自治区财政代偿。①

27.海南省关于支持创新创业和灵活就业政策

(1)免除政府投资的创业孵化基地租金。2022年9月1日至12月31日期间,初创企业租用政府投资创业孵化基地的,租金全部免除。

(2)大幅提高个体工商户创业担保贷款额度。个体工商户符合小微企业划分标准的,申请贷款同等享受小微企业创业担保贷款政策,贷款额度最高300万元。对已享受创业担保贷款贴息政策且已按时还清的个人,经营困难的可再次

---

① 转自《关于印发〈关于确保自治区2022届高校毕业生就业局势稳定的工作细化方案〉的通知》(新教组办发〔2022〕5号)。

申请创业担保贷款。[①]

第二节　2023年北京市、天津市最新高校毕业生就业创业政策问答

一、2023年北京市高校毕业生就业创业政策问答

1.创业担保贷款政策

问:创业担保贷款的对象有哪些?

答:在本市注册经营、资信良好、有具体经营项目的小型微型企业、个体工商户、农民专业合作社、民办非企业单位等创业主体。

问:贷款额度及期限是多少?

答:(1)个人创业担保贷款最高贷款额度不超过50万元,贷款期限最长不超过3年。

(2)小微企业创业担保贷款最高贷款额度不超过300万元,贷款期限最长不超过2年。

问:是否有免除反担保?

答:(1)50万元以下的创业担保贷款,原则上免除反担保措施。

(2)北京市创业孵化示范基地推荐的在孵企业,获得市级以上荣誉称号或在市级以上部门举办的创业创新大赛中获奖的创业人员、创业项目、创业企业,经金融机构评估认定的信用小微企业、商户、农户,经营稳定守信的二次创业者等特定群体,原则上取消反担保。

问:如何申请?

答:(1)申请个人创业担保贷款的,直接到注册地所在区签约担保机构和经办银行办理担保和贷款手续。

(2)申请小微企业创业担保贷款的,先到各区人力资源社会保障部门提出借款人资格认定申请,认定通过后到市级签约担保机构和经办银行办理担保和贷款手续。

借款人资格认定方式:

(1)北京市人力资源和社会保障局网站(http://rsj.beijing.gov.cn/)“法人

① 转自《海南省人民政府办公厅关于印发〈海南省稳经济助企纾困发展特别措施(2.0版)〉的通知》(琼府办〔2022〕41号)。

办事”—“创业担保贷款申请”栏目。

(2)“北京人社”微信公众号“微服务”—“单位办理服务”—“创业担保贷款申请”栏目线上提出申请。①

2.一次性创业补贴政策

问:一次性创业补贴的申请条件是什么?

答:毕业年度及毕业2年以内的本市高校毕业生等重点群体,在本市首次创办企业或个体工商户,同时符合以下条件的,可申请一次性创业补贴。补贴额度最高1万元。

(1)自2020年11月30日起,创业人员在本市首次创办创业组织,并担任法定代表人或主要负责人。

(2)创业人员在所创办的创业组织缴纳社会保险费且累计满6个月。

(3)创业组织自登记注册之日起正常经营且依法纳税1年以上。

(4)创业人员及所创办的创业组织信用良好,未被列入北京市公共信用信息服务平台“黑名单”。

问:如何申请一次性创业补贴?

答:符合条件的创业组织可在登记注册之日起2年内,通过北京市人力资源和社会保障局网站(http://rsj.beijing.gov.cn/)“法人办事”—“一次性创业补贴”栏目,或“北京人社”APP“微服务”—“单位办理服务”—“一次性创业补贴”栏目提出申请。②

3.高校毕业生创业支持政策

问:高校毕业生创业是否可以得到场地支持?

答:市级大学生创业园为毕业2年内的北京地区高校毕业生免费提供不超过3年的场地支持。政府投资开发的孵化基地等创业载体安排30%左右的场地,免费提供给高校毕业生。各区对高校毕业生初次租用创业场地的,可给予场地租金补贴。③

4.申请办理《北京市工作居住证》政策

问:哪些创业企业的核心成员可以申请办理?

---

① 转自《关于北京市进一步加大创业担保贷款支持力度推动创业带动就业的补充通知》(京财金融〔2020〕2682号)。

② 转自《北京市人力资源和社会保障局 北京市财政局关于开展一次性创业补贴工作的通知》(京人社服发〔2020〕35号)。

③ 转自《北京市人民政府办公厅关于印发〈北京市支持高校毕业生就业创业若干措施〉的通知》(京政办发〔2022〕20号)。

答:市级大学生创业园、市级创业孵化示范基地、大学生创业板推荐的优质高校毕业生创业企业核心成员,符合条件的可申请办理工作居住证。

问:如何申请办理?

答:(1)入驻市级大学生创业园的大学生创业企业通过市级大学生创业园向北京市人力资源和社会保障局申请。

(2)市级创业孵化示范基地在孵大学生创业企业通过市级创业孵化示范基地向北京市人力资源和社会保障局申请。

(3)大学生创业板企业通过北京股权交易中心向北京市人力资源和社会保障局申请。

(4)北京市人力资源和社会保障局审核通过后,提交市委组织部市人才工作局复审并下发各区经办部门。①

5.灵活就业社会保险补贴政策

问:哪些高校毕业生可以申请?

答:自2020届起,离校2年内初次就业为灵活就业的本市高校毕业生,可申请享受灵活就业社会保险补贴。

问:补贴标准是什么?

答:按照以个人身份参加本市职工基本养老保险、基本医疗保险(不含生育保险)和失业保险最低缴费标准的2/3给予补贴。现行补贴标准每人每月1168.86元,个人缴费部分每人每月584.43元。

问:如何申请?

答:(1)北京市人力资源和社会保障局网站(http://rsj.beijing.gov.cn)"个人办事"—"灵活就业社会保险补贴(申请、报告)"。

(2)"北京人社"微信公众号:"微服务"—"个人办理服务"—"灵活就业社会保险补贴(申请、报告)"。

(3)"北京人社"APP:"就业创业"—"灵活就业社会保险补贴(申请、报告)"。

(4)"北京通"APP:"热门服务"—"办事大厅"—"主题服务"—"社会保障"—"灵活保险补贴申请、灵活就业状况报告"。②

---

① 转自《北京市人民政府办公厅关于印发〈北京市支持高校毕业生就业创业若干措施〉的通知》(京政办发〔2022〕20号)。

② 转自《北京市人力资源和社会保障局关于印发〈北京市人力资源和社会保障局支持多渠道灵活就业实施办法〉的通知》(京人社就发〔2020〕19号)。

6.一次性求职创业补贴政策

问:哪些高校毕业生可以申请?

答:北京地区普通高等学校、研究生培养单位、中等职业学校、技工院校在毕业学年有求职创业意愿的毕业生(单位定向委培生除外),且符合以下条件之一:

(1)所在家庭享受城乡居民最低生活保障待遇的。

(2)所在家庭为脱贫人口家庭(原建档立卡贫困家庭)的。

(3)所在贫困家庭中父母一方持有《中华人民共和国残疾人证》的。

(4)本人持有《中华人民共和国残疾人证》的。

(5)本人毕业学年获得国家助学贷款的。

(6)本人持有《特困人员救助供养证》的。

问:补贴标准是什么?

答:补贴标准为 1000 元/人。

问:如何申领?

答:符合条件的毕业生向所在院校提交求职创业补贴申请,各申报院校按程序进行材料收集、校级审核、集中公示后,通过北京市人力资源和社会保障局网站(http://rsj.beijing.gov.cn)"法人办事"—"北京地区高校毕业生一次性求职创业补贴申报"进行补贴申报。①

7.用人单位招用高校毕业生社会保险补贴政策

问:用人单位可以享受哪些社会保险补贴?

答:(1)用人单位招用本市毕业年度内高校毕业生,可申请享受最长不超过 3 年的社会保险补贴。现行补贴标准一年约 1.8 万元(每年根据社保缴费基数调整)。

(2)小微企业招用本市离校 2 年内未就业高校毕业生,在劳动合同期限内可申请享受最长不超过 1 年的社会保险补贴。现行补贴标准一年约 1.8 万元(每年根据社保缴费基数调整)。

问:社会保险补贴申请条件是什么?

答:(1)依法签订 1 年及以上期限劳动合同。

(2)按规定缴纳职工社会保险。

(3)按月足额发放不低于当年本市最低工资标准 1.2 倍的工资。

---

① 转自《北京市人力资源和社会保障局 北京市教育委员会 北京市财政局关于做好普通高等学校毕业生求职创业补贴发放工作的通知》(京人社毕发〔2018〕44 号)。

问:如何申请?

答:用人单位通过北京市人力资源和社会保障局网站(http://rsj.beijing.gov.cn)"法人办事"—"用人单位岗社补(吸纳就业补贴)"进行申请。线下申请的,到注册地或经营地区人力资源社会保障局经办部门提出申请。[①]

8.就业见习补贴政策

问:什么是就业见习?

答:就业见习是指有见习意愿的人员在企事业单位和社会组织进行短期全日制就业锻炼,积累工作经验,提高工作能力,进而实现就业的一项公共服务活动。

问:哪些人员可以成为见习人员?

答:(1)离校2年内未就业本市高校毕业生等。

(2)本市16～24岁登记失业人员。

(3)本市16～24岁转移就业登记的农村无业或务农劳动力。

问:哪些单位可以成为见习单位?

答:依法生产经营,具备提供见习服务能力,能够为见习人员提供实岗锻炼机会的北京地区各类型企事业单位、社会组织。

问:见习补贴标准是多少?

答:对吸纳就业见习人员的给予见习补贴。市级见习补贴标准为本市当年月最低工资。现行补贴标准每月2320元。在市级见习补贴标准基础上,制定区级见习补贴政策的区还可发放区级见习补贴。

问:见习期未满与见习人员签订劳动合同,见习补贴还能否申领?

答:为鼓励见习单位留用见习人员,对见习期未满与见习人员签订劳动合同的见习单位,给予剩余期限见习补贴,该政策延续至2023年12月31日。比如,见习单位与见习人员签订了1年的见习协议,在见习3个月时,见习单位留用了见习人员,也给予剩余9个月的见习补贴。

问:如何申请?

答:见习单位通过北京市人力资源和社会保障局网站—"北京毕业生就业创业服务平台"(http://fuwu.rsj.beijing.gov.cn/bjdkhy/bysjycy/)"就业见习"

---

① 转自《北京市人力资源和社会保障局 北京市财政局关于用人单位招用本市高校毕业生、退役士兵等人员享受岗位补贴、社会保险补贴有关问题的通知》(京人社就发〔2016〕264号)。

进行申报。①

二、2023 年天津市高校毕业生就业创业政策问答

1.就业见习怎么申请?

就业见习岗位查询。全市就业见习岗位信息在中天人力资源网(www.cnthr.com)统一发布,申请人员可登录查询。

2.就业见习如何报名?

(1)可以到市、区公共就业服务机构报名。

(2)直接到就业见习基地报名。

(3)毕业学年在校生也可以到所在院校就业指导中心报名。

(4)签订就业见习协议。见习人员与就业见习基地应签订《就业见习协议》,明确见习岗位、见习期限、见习生活费、见习地点、月度出勤计划和双方权利义务等内容。②

3.灵活就业社保补贴怎么申请?

(1)申请。高校毕业生办理灵活就业登记后,到常住地街道(乡镇)公共就业服务机构提出补贴申请。

(2)审核。符合条件的,报区人社部门审核。审核通过后,区人社部门出具《高校毕业生灵活就业申请社会保险补贴证明》。

(3)补贴拨付。高校毕业生按指定时间到经办机构领取补贴证明,按规定缴纳个人承担的社会保险费。市人社部门复核后,每月将补贴资金拨付至市社会保险经办机构。③

4.求职创业补贴怎么申请?

(1)补贴申请。符合条件的学生应于毕业学年开学后,向所在院校提出求职创业补贴申请并提交相关材料。

(2)申请审核。各院校负责统一组织学生求职创业补贴申请工作,对申请材料的真实性进行审核,并将申请补贴人员名单进行公示,公示期不少于 5 个

---

① 转自《北京市人力资源和社会保障局　北京市财政局关于印发〈北京市就业见习工作管理办法〉的通知》(京人社毕发〔2019〕63 号)。

② 转自《市人社局　市财政局　市教委关于进一步加强和规范就业见习工作的通知》(津人社规字〔2020〕3 号)。

③ 转自《天津市人民政府办公厅关于进一步做好稳就业工作的实施意见》(津政办规〔2020〕7 号)、《市人力社保局关于做好高校毕业生灵活就业社会保险补贴工作的通知》(津人社局发〔2015〕64 号)。

工作日。①

5.实习实训怎么申请?

(1)与天津市人民政府或市级人才主管部门建立合作关系的外省市全日制普通高校在校学生,本市"双一流"高校非毕业学年全日制本科及以上在校学生,经认定的本市大学生实训基地(以下简称"实训基地")开展岗位训练活动的,可以申请实训补贴。

(2)市人社局每季度汇总大学生实训岗位信息并向高校发布。符合条件的大学生向所在高校提出申请,经批准后与实训基地进行协商,达成一致的签订《天津市大学生实训协议》后,开展实训活动。②

6.应届毕业生集中落户怎么申请?

(1)普通高校符合毕业条件、尚未取得毕业证书的全日制应届本科及以上学历在校生,均可在毕业学年提出集中办理申请。每年于6月、12月两批次集中办理,学生申请时间一般不晚于取得毕业证前10个工作日。

(2)户口在高校的本市高校应届毕业生、户口在原籍的本市高校应届毕业生、外省市高校应届毕业生按照相应程序分别办理。③

7.用人单位聘任初级职称怎么办理?

(1)用人单位聘任初级职称一律通过"天津市专业技术人才职称评审信息系统"(以下简称"信息系统")办理。

(2)个人申请。符合聘任条件的申报人登录信息系统,按要求在线填报相关信息、上传佐证材料,并提交至用人单位。

(3)单位审核。用人单位对申请材料进行审核,核实学历、资历情况,符合条件的提交至上级主管部门。

(4)主管部门审核。用人单位的上级主管部门对所属用人单位提交的申报材料进行审核,审核通过的报送职称业务主管部门。

(5)颁发证书。职称业务主管部门对申报材料进行审核备案,并向审核通过人员发放电子职称证书。电子职称证书在信息系统上生成,申报人可登录个

---

① 转自《市人社局 市教委 市财政局关于做好求职创业补贴发放工作的通知》(津人社办发〔2019〕122号)。

② 转自《市人社局 市财政局关于印发〈天津市支持大学生实训实施办法〉的通知》(津人社办发〔2023〕23号)。

③ 转自《市人社局 市教委 市公安局关于为高校应届毕业生来(留)津提供集中办理服务的通知》(津人社办发〔2021〕22号)。

人账号自行下载并打印。①

8.怎样提取住房公积金支付商品住房房租?

(1)连续缴存住房公积金满3个月,本人及配偶在本市无自有住房且租赁商品住房的,可提取住房公积金支付房租,每月合计提取最高限额为1500元;提供房屋租赁登记备案信息的,可按照登记备案租金提取,每月合计提取最高限额为3000元。

(2)可通过住房公积金管理中心官网(www.zfgjj.cn)、"天津公积金"APP、天津住房公积金微信小程序办理,或携带本人身份证就近到市住房公积金管理中心任一管理部办理。按照登记备案租金提取需提供租赁备案信息,提取配偶住房公积金需提供结婚证或同户籍户口簿。②

9.怎样提取住房公积金支付保障性租赁住房房租?

(1)连续缴存住房公积金满3个月,租赁我市保障性租赁住房的,本人及配偶可申请提取住房公积金,每月合计提取金额不超过当月支付的房租,且合计不超过3000元。

(2)就近到市住房公积金管理中心任一管理部办理,需提供本人身份证、租赁备案信息。提取配偶住房公积金还需提供结婚证或同户籍户口簿。③

10.怎样提取住房公积金支付公共租赁住房房租?

(1)租赁本市公共租赁住房的,本人及家庭成员可以申请提取住房公积金,提取金额以公共租赁住房管理部门提供数据为准。

(2)公共租赁住房承租人及家庭成员可就近到市住房公积金管理中心任一管理部办理,需提供本人身份证、《天津市公共租赁住房租赁合同》、承租人租金代扣卡。④

11.创业培训有补贴吗?

对本市劳动年龄内的下列人员免费开展的创业培训,按规定给予培训机构补贴:全日制高校、中等职业学校(含技工院校)学生,毕业5年内全日制高校毕

---

① 转自《市人力社保局关于印发天津市用人单位聘任初级职称办法(试行)的通知》(津人社局发〔2018〕31号,第一条)。

② 转自《关于租房提取住房公积金有关政策的通知》(津公积金委〔2021〕3号)、《关于提高租房提取住房公积金最高限额的通知》(津公积金委〔2022〕4号)。

③ 转自《关于租房提取住房公积金有关政策的通知》(津公积金委〔2021〕3号)、《关于调整住房公积金有关政策的通知》(津公积金委〔2022〕3号)、《关于提高租房提取住房公积金最高限额的通知》(津公积金委〔2022〕4号)。

④ 转自《天津市住房公积金提取管理办法》(津公积金委〔2018〕6号)第十四条。

业生,城乡未继续升学初高中毕业生;落户5年内的“海河英才”、退役军人、乡村创业致富带头人、返乡入乡创业人员;小微企业主、个体工商户;登记失业人员、转岗职工、农村转移就业劳动者、就业困难人员、残疾人;国家和本市规定的其他人员。①

12.首次创业有补贴吗?

(1)在津首次创办企业并担任法定代表人的本市全日制高校在校生和毕业5年内的高校毕业生,企业正常生产经营、信用良好,企业法定代表人按规定缴纳社会保险费。

(2)给予企业最长3年五项社保补贴和1年岗位补贴。岗位补贴标准为本市当年最低工资标准的40%。社保补贴标准按照本市当年社会保险最低缴费基数和单位的缴费比例确定。②

13.一次性创业有补贴吗?

(1)法定劳动年龄内,在津首次创办企业(含个体工商户,下同)且正常生产经营满1年,带动1人及以上就业,按规定缴纳社会保险费且符合下列条件之一的人员,自注册之日起2年内可申请享受一次性创业补贴:普通高等院校(含港澳台)毕业离校2年内的毕业生,登记失业6个月及以上的本市户籍人员,在本市涉农区创业的返乡入乡人员。

(2)企业连续缴纳社会保险费满12个月的(申请时企业法人及职工应为正常缴费状态,下同),给予3000元创业补贴。企业连续缴纳社会保险费满6个月的,可先行申领1500元补贴。③

14.创业房租有补贴吗?

(1)法定劳动年龄内的下列人员,在津租赁房屋创办企业或个体工商户,且正常生产经营的,自注册成立之日起2年内可申请创业房租补贴:本市普通高等院校、中等职业学校在校生,普通高等院校(含港澳台)、中等职业学校毕业离校5年内的毕业生,回国5年内的留学人员,落户5年内的“海河英才”人员和认定5年内的“项目+团队”成员,国家级或市级创业大赛5年内获奖人员,经认定的本市就业困难人员。

(2)创业房租补贴最长24个月,自企业首次领取补贴之月起连续计算。符

① 转自《市人社局 市财政局关于印发〈天津市创业培训管理办法(试行)〉的通知》(津人社局发〔2021〕3号)。

② 转自《天津市人民政府办公厅关于进一步做好稳就业工作的实施意见》(津政办规〔2020〕7号)。

③ 转自《市人社局 市财政局关于进一步做好一次性创业补贴发放工作的通知》(津人社办发〔2023〕3号)。

合条件的企业，每月可享受创业房租补贴1000元；每带动1人就业（签订1年以上劳动合同，按规定缴纳社会保险费），每月再增加500元。每月补贴额度最高2500元。实际房租金额低于上述补贴标准的，按实际房租金额予以补贴。①

15.个人创业有担保贷款及贴息吗？

（1）在本市创办企业、个体工商户、农村合作社等经营实体，无不良信用记录，除助学贷款、扶贫贷款、住房贷款、购车贷款、5万元以下小额消费贷款（含信用卡消费）以外，借款人提交创业担保贷款申请时，本人及其配偶应没有其他贷款。

（2）贷款最高额度50万元，贷款期限最长3年，贷款利率不超过LPR＋50BP，对符合条件的按规定给予贴息。②

16.高校毕业生创业税费有扣减吗？

自2019年1月1日至2025年12月31日，持人社部门核发《就业创业证》（注明“毕业年度内自主创业税收政策”）的高校毕业生在毕业年度从事个体经营的，自办理个体工商户登记当月起，在3年（36个月）内按每户每年14400元为限额依次扣减其当年实际应缴纳的增值税、城市维护建设税、教育费附加、地方教育附加和个人所得税。③

17.个体工商户应纳税所得不超过100万元部分个人所得税征收有减免吗？

自2023年1月1日至2024年12月31日，对个体工商户经营所得年应纳税所得额不超过100万元的部分，在现行优惠政策基础上，减半征收个人所得税。④

---

① 转自《市人社局　市财政局关于印发天津市创业房租补贴管理办法的通知》（津人社办发〔2023〕19号）。

② 转自《市人社局　市财政局　人民银行天津分行关于印发天津市创业担保贷款管理办法的通知》（津人社局发〔2020〕3号）。

③ 转自《财政部　税务总局　人力资源社会保障部　国务院扶贫办关于进一步支持和促进重点群体创业就业有关税收政策的通知》（财税〔2019〕22号）、《财政部　税务总局　人力资源社会保障部国务院扶贫办　教育部关于实施支持和促进重点群体创业就业有关税收政策具体操作问题的公告》（2019年第10号）、《市财政局　市税务局　市人社局　市合作交流办关于确定我市重点群体创业就业税收扣减限额标准的通知》（津财税政〔2019〕14号）、《财政部　税务总局　人力资源和社会保障部国家乡村振兴局关于延长部分扶贫税收优惠政策执行期限的公告》（2021年第18号）、《市财政局市税务局　市人社局　市合作交流办　市乡村振兴局关于延长我市重点群体创业就业有关税收优惠政策执行期限的通知》（津财规〔2021〕20号）。

④ 转自《财政部　税务总局关于小微企业和个体工商户所得税优惠政策的公告》（2023年第6号）、《国家税务总局关于落实支持个体工商户发展个人所得税优惠政策有关事项的公告》（2023年第5号）。

18.小型微利企业有企业所得税减免吗？

(1)自2023年1月1日至2024年12月31日，对小型微利企业年应纳税所得额不超过100万元的部分，减按25%计入应纳税所得额，按20%的税率缴纳企业所得税。

(2)2022年1月1日至2024年12月31日，对小型微利企业年应纳税所得额超过100万元但不超过300万元的部分，减按25%计入应纳税所得额，按20%的税率缴纳企业所得税。①

19.符合条件的增值税小规模纳税人在增值税方面有什么优惠政策吗？

(1)自2023年1月1日至2023年12月31日，对月销售额10万元以下(含本数)的增值税小规模纳税人，免征增值税。

(2)按照"自行判别、申报享受、资料留存备查"的办理方式，纳税人自行申报享受减免优惠，无需额外提交资料。②

20.小规模纳税人适用3%征收率销售收入减征增值税政策

(1)自2023年1月1日至2023年12月31日，增值税小规模纳税人适用3%征收率的应税销售收入，按2%的征收率征收增值税；适用3%预征率的预缴增值税项目，按2%的预征率预缴增值税。

(2)按照"自行判别、申报享受、资料留存备查"的办理方式，纳税人自行申报享受减免优惠，无需额外提交资料。③

21.符合条件的缴纳义务人在有关政府性基金方面有什么优惠政策吗？

(1)按月纳税的月销售额不超过10万元，以及按季纳税的季度销售额不超过30万元的缴纳义务人免征教育费附加、地方教育附加、水利建设基金。

(2)按照"自行判别、申报享受、资料留存备查"的办理方式，缴费人自行申报享受减免优惠，无需额外提交资料。④

---

① 转自《财政部　税务总局关于小微企业和个体工商户所得税优惠政策的公告》(2023年第6号)、《财政部　税务总局关于进一步实施小微企业所得税优惠政策的公告》(2022年第13号)、《国家税务总局关于落实小型微利企业所得税优惠政策征管问题的公告》(2023年第6号)。

② 转自《财政部　税务总局关于明确增值税小规模纳税人减免增值税等政策的公告》(2023年第1号)、《国家税务总局关于增值税小规模纳税人减免增值税等政策有关征管事项的公告》(2023年第1号)。

③ 转自《财政部　税务总局关于明确增值税小规模纳税人减免增值税等政策的公告》(2023年第1号)、《国家税务总局关于增值税小规模纳税人减免增值税等政策有关征管事项的公告》(2023年第1号)。

④ 转自《财政部　国家税务总局关于扩大有关政府性基金免征范围的通知》(财税〔2016〕12号)。

22.地方“六税两费”减免政策适用主体范围是什么?

(1)自2022年1月1日至2024年12月31日,对我市增值税小规模纳税人、小型微利企业和个体工商户,减按50%征收资源税(不含水资源税)、城市维护建设税、房产税、城镇土地使用税、印花税(不含证券交易印花税)、耕地占用税和教育费附加、地方教育附加。

(2)按照“自行判别、申报享受、资料留存备查”的办理方式,纳税人自行申报享受减免优惠,无需额外提交资料。①

23.金融业在支持大学生创新创业专门产品和服务方面有什么政策吗?

鼓励引导银行机构在依法合规、风险可控前提下,创设金融支持大学生创新创业专门产品和服务,强化与创新创业基地、孵化器等机构合作,结合大学生创新创业企业特点及发展需求,努力提供配套创业孵化、信贷融资、创投、产业对接、辅导培训等综合金融服务,鼓励在企业生命周期中前移金融服务,针对大学生创新创业设立的科创企业,提供“投贷联动”等融资支持。②

24.在支持大学生创新创业、提高企业开办效率方面有什么政策吗?

支持大学生创新创业,提高企业开办效率,申请人可通过企业开办“市场主体一网通办”在1个工作日完成企业设立登记及涉及企业开办的公章刻制、发票申领、社保参保登记、住房公积金缴存登记等多环节事项联办。③

第三节　2023年高校毕业生自主创业政策和补贴最新规定

高校毕业生富有想象力和激情,是创新创业的有生力量。近年来国家大力推进大众创业、万众创新,为高校毕业生创业创新营造了良好环境。

日前,国务院办公厅发布《关于优化调整稳就业政策措施全力促发展惠民生的通知》,提出发挥创业带动就业倍增效应。

《关于优化调整稳就业政策措施全力促发展惠民生的通知》指出,将聚焦高校毕业生等群体创业需求,支持其创办投资少、风险小的创业项目,从事创意经

---

① 转自《财政部　税务总局关于进一步实施小微企业“六税两费”减免政策的公告》(2022年10号)、《国家税务总局关于进一步实施小微企业“六税两费”减免政策有关征管问题的公告》(2022年第3号)、《天津市财政局国家税务总局天津市税务局关于进一步实施小微企业“六税两费”减免政策的通知》(津财规〔2022〕5号)。

② 转自《市教委　市发展改革委　市科技局　市财政局　市人社局　市税务局关于印发天津市进一步支持大学生创新创业的若干举措》(津教规范〔2023〕1号)第十八条。

③ 转自《天津市市场监管委等七部门印发〈关于进一步压缩企业开办时间推行企业开办一网通办的意见〉的通知》(津市场监管审批〔2019〕11号)。

济、个性化定制化文化业态等特色经营。落实创业担保贷款及贴息政策，简化担保手续，对符合条件的落实免除反担保要求，健全风险分担机制和呆账核销机制。创业担保贷款借款人因自然灾害、重特大突发事件影响流动性遇到暂时困难的，可申请展期还款，期限原则上不超过1年，政策实施期限截至2023年12月31日。

一、一次性创业补贴

1.补贴对象：首次创办小微企业或从事个体经营，且所创办企业或个体工商户自工商登记注册之日起正常运营1年以上的离校2年内高校毕业生、就业困难人员、返乡入乡创业人员。

2.补贴标准：由省级人力资源社会保障、财政部门确定。

3.申领流程：由省级人力资源社会保障、财政部门确定。

4.受理机构：当地人力资源社会保障部门。

二、一次性求职创业补贴

1.补贴对象：毕业学年有就业创业意愿并积极求职创业的低保家庭、贫困残疾人家庭、脱贫家庭和特困人员中的高校毕业生和中等职业学校（含技工院校）毕业生，残疾及获得国家助学贷款的高校毕业生和中等职业学校（含技工院校）毕业生。

2.补贴标准：由省级人力资源社会保障、财政部门确定。

3.申领流程：符合条件的毕业生所在学校申请求职创业补贴，应向当地人力资源社会保障部门提供毕业生获得国家助学贷款（或享受低保、身有残疾、脱贫家庭、贫困残疾人家庭、特困救助供养）证明材料、学籍证明复印件等。申请材料须经毕业生所在学校初审和公示。

4.当地人力资源社会保障部门审核后，将补贴资金支付到毕业生本人社会保障卡银行账户。

5.受理机构：当地人力资源社会保障部门。

三、创业担保贷款

1.补贴对象：（1）符合条件的高校毕业生自主创业，可申请最高20万元的个人创业担保贷款，由财政给予贴息。

（2）合伙创业的，可根据符合贷款条件的合伙创业人数适当提高贷款额度。

(3)提交创业担保贷款申请时,除助学贷款、扶贫贷款、住房贷款、购车贷款、5 万元以下小额消费贷款(含信用卡消费)以外,本人及其配偶应没有其他贷款。

2.申领流程:申请创业担保贷款的个人和小微企业应向当地人力资源社会保障部门申请资格审核,通过资格审核的个人和小微企业,向当地创业担保贷款担保基金运营管理机构和经办银行提交担保和贷款申请,符合相关担保和贷款程序的,与经办银行签订创业担保贷款合同。

3.受理机构:当地人力资源社会保障部门。

四、社会保险补贴

1.补贴对象:灵活就业的离校 2 年内未就业高校毕业生。

2.补贴标准:(1)按灵活就业后缴纳的社会保险费,给予一定数额的社会保险补贴,原则上不超过其实际缴费的 2/3。

(2)高校毕业生社保补贴期限最长不超过 2 年。

3.申领流程:(1)向当地人力资源社会保障部门提供基本身份类证明原件或复印件、灵活就业证明材料等。

(2)人力资源社会保障部门审核后,将补贴资金支付到单位银行账户或申请者本人社会保障卡银行账户。

4.受理机构:(1)当地人力资源社会保障部门。

(2)毕业生还可在公共创业服务机构享受创业服务,获得咨询辅导、政策落实、融资服务等服务,政府投资开发的孵化基地等创业载体还会安排一定比例场地,免费向高校毕业生提供。

参考文献

一、图书

1.[英]弗里德利希·冯·哈耶克:《法律、立法与自由》,邓正来等译,中国大百科全书出版社 2000 年版。

2.蔡定剑主编:《中国就业歧视现状及反歧视对策》,中国社会科学出版社 2007 年版。

3.常凯主编:《劳动关系学》,中国劳动社会保障出版社 2005 年版。

4.李国光主编:《劳动合同法理解与适用》,人民法院出版社 2007 年版。

5.李国光主编:《劳动合同法条文释义》,人民法院出版社 2008 年版。

6.李景森、贾俊玲主编:《劳动法学》,北京大学出版社 2003 年版。

7.梁慧星:《民法总论》,法律出版社 2001 年版。

8.喻术红:《劳动合同法专论》,武汉大学出版社 2009 年版。

9.郑尚元:《劳动合同法的制度与理念》,中国政法大学出版社 2008 年版。

10.周伟:《宪法基本权利司法救济研究》,中国人民公安大学出版社 2003 年版。

11.朱征夫:《公民的权利》,法律出版社 2006 年版。

二、论文

1.白悦明、赵辉:《新形势下大学生创业中法律问题研究》,《法制博览》2022 年第 24 期。

2.蔡静、吴维俊:《大学生创业法律风险防控意识的培育》,《潍坊工程职业学院学报》2021 年第 2 期。

3.蔡静、吴维俊:《大学生创业企业的法律风险防控机制构建》,《山东商业职业技术学院学报》2021年第2期。

4.蔡静、吴维俊:《论大学生创业法治素养提升的四重矛盾》,《扬州大学学报》(高教研究版)2023年第1期。

5.曹聪:《基于民商法视角的大学生创业法律风险与防范对策》,《财富时代》2020年第9期。

6.曹亮:《新经济视阈下大学生创业法律风险防范初探》,《山西农经》2020年第11期。

7.陈九利:《大学生创业法律风险及对策》,《现代经济信息》2019年第13期。

8.淳艳丽、代加雷:《当代大学生创新创业法律风险防范意识及能力培养路径研究》,《经济师》2022年第4期。

9.邓巧蓉:《高校大学生创业法治思维培育探析》,《法制与社会》2021年第3期。

10.翟玉娟:《高校毕业生就业协议的法律性质分析》,《深圳大学学报》(人文社会科学版)2007年第2期。

11.邸耀敏:《大学生创业过程中的法律风险识别及规避》,《劳动保障世界》2019年第36期。

12.高金娣:《浅议我国大学生就业权益保护体系》,《辽宁行政学院学报》2013年第10期。

13.高庆国:《大学生线上创新创业法律风险管控》,《法制博览》2021年第24期。

14.高洋:《经济法视角下大学生创新创业法律风险的防范对策研究》,《法制博览》2022年第27期。

15.管小童:《经济法视阈下大学生创业法律风险防范初探》,《法制与社会》2020年第1期。

16.何珂:《论法治元素融入"大学生创业基础"课程的路径探析》,《就业与保障》2022年第12期。

17.贺蓉:《劳动法律关系与民事法律关系之比较》,《山西广播电视大学学报》2005年第1期。

18.胡健:《大学生创业法律风险及措施分析》,《科幻画报》2018年第10期。

19.胡婷婷:《经济法视阈下大学生创业法律风险防范初探》,《法制博览》2020年第6期。

20.黄小玲、黄茹、廖春晓:《“互联网+”环境下大学生创业法律风险防范研究》,《法制博览》2020年第35期。

21.黄媛媛:《大学生创新创业法律风险研究综述》,《科技创业月刊》2018年第7期。

22.纪明岐:《大学生创业法律风险防范研究》,《法制博览》2018年第14期。

23.姜禹竹:《大学生创业中的法律问题》,《商业文化》2021年第33期。

24.蒋秀红:《大学生创业的法律问题及其防范》,《经济研究导刊》2020年第19期。

25.金泰来、张怀真:《新媒体平台建设对解决大学生就业法律问题的有益探索》,《西部素质教育》2018年第3期。

26.郎蕾蕾:《普通高校毕业生就业权的法律保护》,《农村经济与科技》2018年第4期。

27.李诚:《大学毕业生就业协议法律问题与发展前景浅析》,《法制与社会》2010年第8期。

28.李芙蓉:《大学生创业法律风险防范研究》,吉林财经大学硕士学位论文,2021年。

29.李瑞红:《现阶段我国劳动法律关系存在的主要问题及对策》,《江苏省社会主义学院学报》2009年第3期。

30.李孝保:《劳动合同法视野下的就业协议》,《江西农业大学学报》(社会科学版)2008年第4期。

31.李鑫、鲍旭炜:《经济法视角下的大学生创业法律风险防范》,《四川劳动保障》2023年第10期。

32.李雄:《论平等就业权司法救济体系的构造》,《河北法学》2017年第10期。

33.廖芳:《大学生创新创业法律风险防范意识培养机制》,《社会科学家》2021年第2期。

34.林嘉、杨飞:《论和谐社会与劳动就业权的法律保障》,《法学家》2005年第5期。

35.林嘉:《论社会保障法的社会法本质——兼论劳动法与社会保障法的关系》,《法学家》2002年第1期。

36.林嘉:《在〈劳动合同法〉中设定一般权利义务条款之思考》,《当代法学》2006 年第 6 期。

37.蔺妍、宫成:《大学生自主创业法律风险防范探究》,《就业与保障》2022 年第 9 期。

38.刘菲:《当代大学生创业法律风险研究》,《理论导报》2022 年第 10 期。

39.刘世红:《大学生创新创业法律风险的识别与防范》,《产业与科技论坛》2019 年第 10 期。

40.刘万美、柏亚琴:《经济法视阈下大学生创业法律风险防范探究》,《黑龙江人力资源和社会保障》2021 年第 21 期。

41.刘伟、庞卢宁:《大学生双创就业法律风险及指导路径》,《法制博览》2020 年第 36 期。

42.刘文睿、史祉铭:《在校大学生创业纠纷涉诉现状探究》,《法制博览》2021 年第 33 期。

43.刘依梦:《双创时代下大学生创业法律风险应对策略》,《现代交际》2018 年第 16 期。

44.马近斐、叶庆锋:《大学生创业中法律问题分析——以江财众创空间为例》,《法制博览》2018 年第 6 期。

45.马晓旭:《高校毕业生就业协议管理与违约行为防范》,《现代教育科学》(高教研究)2008 年第 5 期。

46.牛万铎:《新时代大学生创业实践中的法律风险研究》,《黑龙江人力资源和社会保障》2022 年第 12 期。

47.秦国荣:《法律上的劳动概念:法理逻辑与内涵界定》,《江苏社会科学》2008 年第 3 期。

48.秦国荣:《劳动法上用人单位的法学判别:理论与实践的考察》,《政法论丛》2016 年第 3 期。

49.秦亚东、方岩:《论劳动法律关系的二元结构——兼析劳动法的基本概念》,《黑龙江省政法管理干部学院学报》2008 年第 3 期。

50.商文艳:《高职毕业生就业权益保障问题研究》,《法制博览》2014 年第 10 期。

51.石桂莲:《大学生创业权益保护法律问题与对策》,《职业技术》2018 年第 5 期。

52.孙冰、王杉宇、王真真等:《简析三方协议兼谈实践中的问题和建议》,《法制博览》2015年第15期。

53.孙金梅:《高校毕业生就业权益保护》,《教育与职业》2015年第16期。

54.孙晋晋:《提升大学生创业法律风险应对能力的途径分析》,《法制与社会》2018年第3期。

55.孙美玲:《关于大学生创业面临的法律问题分析》,《法制博览》2018年第31期。

56.孙末非:《"互联网+"背景下大学生创业法律风险分析与防范》,《创新与创业教育》2022年第1期。

57.孙文雪:《略论案例教学与大学生创业法律风险防范教育——以公司法学案例教学为例》,《湖北开放职业学院学报》2021年第17期。

58.索菲:《大学生创业的法律风险及防范对策》,《郑州铁路职业技术学院学报》2020年第3期。

59.谭婷婷:《"双创时代"大学生创业实践中的法律风险及防范体系》,《法制博览》2021年第29期。

60.陶莉:《大学生创业的法律风险及防范建议》,《法制与社会》2019年第24期。

61.万权:《高校毕业生就业协议现存问题诌议》,《法制博览》2015年第9期。

62.汪绿佳:《经济法视阈下大学生创业法律风险防范研究》,《今日财富》2021年第14期。

63.王浩楠:《高校大学生创业的法律风险问题及规避措施》,《法制博览》2021年第23期。

64.王菁:《大学生创业法律风险防范思路解析》,《法制博览》2023年第17期。

65.王荣华、袁晓波:《大学生创新创业法律风险的识别与防范》,《黑龙江教育》(高教研究与评估)2018年第6期。

66.王振:《双创背景下大学生创业法律风险防范》,《普洱学院学报》2023年第2期。

67.魏羽彤:《经济法背景下大学生创业法律风险防范与养成建议》,《法制博览》2021年第35期。

68.吴建章、徐娅囡:《高校毕业生就业权益的缺失与法律保护》,《中国大学生就业》2015 年第 16 期。

69.吴萍:《我国劳动法律关系的现状与思考》,《厦门特区党校学报》2004 年第 4 期。

70.伍笑雪:《论高校毕业生就业协议的解除》,《法制与经济》2017 年第 6 期。

71.向长胜:《大学生创业法律风险防范能力提升及其教育路径研究——以贵州工程应用技术学院为例》,《高教学刊》2018 年第 16 期。

72.徐安喜:《论劳动法律关系的界定》,《法制与经济》2008 年第 10 期。

73.徐华良:《从法律角度分析大学生创业风险与防范对策——以经济法为视角》,《法制博览》2020 年第 31 期。

74.许鹏、洪媛:《浅谈大学生创业形式选择与法律风险》,《经济研究导刊》2019 年第 25 期。

75.许文静:《大学生就业权益保护意识研究综述》,《中国电力教育》2013 年第 28 期。

76.延伊伦:《政府在劳动法律关系中的主体地位辨析》,《山东工会论坛》2011 年第 5 期。

77.于瑶、吴学良:《大数据时代高校大学生创业风险的防范研究》,《北极光》2019 年第 9 期。

78.禹文浩:《高校毕业生就业协议的法律问题研究》,《法制与经济》2013 年第 6 期。

79.张俊鹏:《大学生创业法律风险应对策略》,《商业文化》2020 年第 26 期。

80.张梦琳:《大学生创业法律风险防范体系建设研究——以学校保障为视角》,《法制博览》2021 年第 8 期。

81.张蕊:《大学生创业法律风险防控探索》,《郑州铁路职业技术学院学报》2021 年第 1 期。

82.张晓燕:《毕业就业协议的法律性质界定及相关问题分析》,《电子商务》2009 年第 12 期。

83.张鑫:《大学生创新创业法律风险的识别与防范分析》,《法制与社会》2020 年第 1 期。

84.张雨欣:《高校大学生创业法律风险防范》,《法制与经济》2020 年第 2 期。

85.赵兴宏:《就业协议的法律思考》,《中国大学生就业》2000 年第 7 期。

86.钟申娟:《大学生就业权益的法律保护探讨》,《法制与社会》2013 年第 19 期。

87.周乾、陈必虎:《基于民商法视角的大学生创业法律风险与防范对策》,《创新创业理论研究与实践》2018 年第 18 期。

88.朱青青:《浅析在校大学生能否成为劳动法律关系的主体》,《法制与社会》2009 年第 20 期。